Das große

KINDER BASTELBUCH

WEIHNACHTEN

Inhalt

Wolliges Weihnachtsbasteln . . . 58

Farbige Weihnachten . . 82

Weihnachten? Aber natürlich! 100

Diese Bastelidee ist zeitintensiv.

Du benötigst die Hilfe eines Erwachsenen.

Am schönsten in der Gruppe!

Raus mit dir!

Pass auf deine Kleidung auf!

Vorwort

Weihnachtszeit ist Bastelzeit! Wenn die Tage kürzer und die Temperaturen kälter werden, wenn Plätzchenduft durch das Haus strömt und Schnee und Tannengrün von außen die Fensterscheiben schmücken, gibt es nichts Schöneres, als zusammen mit der Familie einen gemütlichen Bastelnachmittag zu verbringen. Im warmen Kerzenlicht oder am prasselnden Kaminfeuer entstehen tolle Weihnachtsmotive zum Dekorieren, Verschenken und Spielen.

Ob für Eltern, Tanten, Großeltern oder Schulfreunde – hier findet sich für jeden das passende Geschenk.

In diesem Bastelbuch gibt es viele verschiedene Ideen, um die Wartezeit auf die festlichen Tage zu verkürzen. Zusätzlich zum gemeinsamen Bastelspaß wird die Feinmotorik und Kreativität der kleinen Künstler gefördert. Zudem können die kleinen Bastler unter dem glitzernden und reichlich geschmückten Weihnachtsbaum stolz ihre individuellen Kunstwerke zeigen, die während des kreativen Bastelprozesses entstanden sind.

Wir haben die schönsten, lustigsten und originellsten Bastelideen für individuelle Geschenke zusammengestellt, sodass die Bescherung am Heiligen Abend zu einem ganz besonderen Erlebnis wird. Fröhliche Weihnachten!

792 251
BOVE
KLOSTER EBERBACH
WEIN-SEKTHAUS

Recycling-
weihnacht
BAD DÜRKHEIM
WEINSTRASSE
9136
MISE EN
BOUTEILLE

Basteln mit Recyclingmaterialien

Das solltest du darüber wissen

Müll?

Basteln mit Müll, ist das nicht eklig? Eigentlich nicht. Aus vielen Zivilisationsresten lassen sich tolle Sachen machen. Du solltest die Plastikdeckel, Joghurtbecher, Marmeladengläser und Tetra Paks® allerdings gründlich spülen, um eventuell anhaftende Keime zu entfernen. Schon hast du großartiges Bastelmaterial.

Was eignet sich?

Als Bastelmaterial kannst du Eierkartons, alte Knöpfe, Toilettenpapierrollen, Zeitungspapier, Blechdosen, Joghurtbecher, Verpackungsfolie, Kartonumverpackungen, Luftpolsterfolie, Marmeladengläser, Tetra Paks®, Plastikflaschen und ihre Verschlüsse, Alufolie und vieles mehr verwenden. Eigentlich kann man mit fast allem kreativ sein!

Schmirgeln

Manche Recyclingfundstücke haben scharfe Kanten. Diese solltest du vor dem Basteln mit etwas Schmirgelpapier abschleifen, damit du dich später beim Spielen nicht verletzt.

Schere oder Cutter?

Wenn mit einer Schere geschnitten wird, kannst du das übernehmen. Manchmal bietet sich eine Zackenschere an, beispielsweise bei Stoff oder Bastelfilz. Kleine Details schneidest du am besten mit einer Nagelschere aus. Meistens eignet sich aber eine Kinderbastelschere. Ein Cutter gehört allerdings immer in Erwachsenenhände!

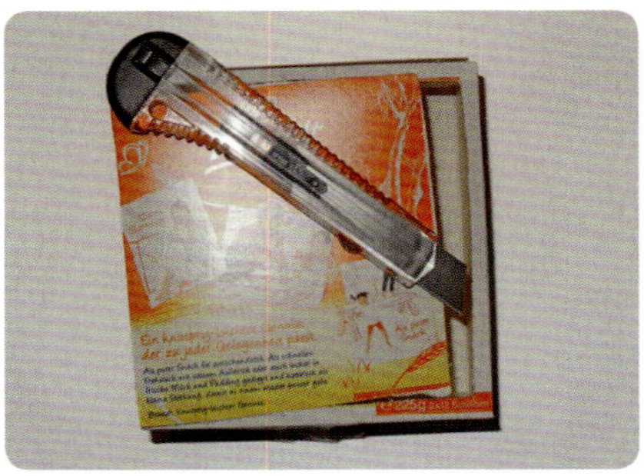

Schablonen

Für viele Techniken benötigst du eine Schablone – manchmal genügt es, wenn du die Vorlagenzeichnung mithilfe von Kohlepapier auf dein Bastelmaterial überträgst. Wenn du aber in einer Kindergruppe arbeitest oder ein Element mehrfach benötigst, dann solltest du die Vorlage auf Pappe übertragen, sorgfältig ausschneiden und dann mit dieser Schablone arbeiten. Lege sie auf den entsprechenden Untergrund, umfahre sie mit einem Stift und schneide das Objekt aus.

Klebstoff

Für die meisten Recyclingmaterialien bietet sich UHU Alleskleber an. UHU Alleskleber Kraft enthält einen hohen Lösungsmittelanteil, der vor allem Plastikuntergründe angreift und deswegen nicht für Joghurtbecher geeignet ist. Wenn du unsicher bist, welcher Klebstoff hält, verwende doppelseitiges Klebeband. Es gibt aber auch spezielle Klebstoffe für Metall, Glas oder Keramik, die hier bestens funktionieren.

Knusper, knusper, Knäuschen …

Recycling-Adventskalender

Das brauchst du

Schwierigkeit ●●●

* 24 leere 150 g-Joghurtbecher
* 2 Joghurtkartons für je 20 150 g-Becher, 30 x 37 cm
* leere Pappverpackung (z. B. von Zwieback), 14,5 cm x 14,5 cm x 9 cm
* Packpapier in Hellbraun, A2
* 2 Fotokartons in Hellbraun, 50 x 70 cm
* Fotokarton in Weiß und Rotbraun, A4
* Fotokartonrest in Hellgrün mit Pünktchen und Hellblau mit Glitzerherzchen
* Acrylfarbe in Weiß
* 6 Strohhalme in Rot-Weiß gestreift, 23 cm lang
* insg. 29 Knöpfe in Rosa, Pink, Lila, Gelb, Grün, Hellblau, Orange, Zitronengelb und Rot, ø 0,6–1,5 cm
* Buntstift in Braun, Pink, Rot, Hellblau und Weiß
* Glitzerliner in Gold und Perlmutt
* Cutter
* Bastelschere
* UHU Alleskleber Kraft
* Paketklebeband

Vorlage Seite 119

1 Für den ersten Arbeitsschritt benötigst du einen erwachsenen Helfer: Schneidet aus einem der beiden Joghurtkartons mit einem Cutter den Boden heraus und lasst dabei einen 1 cm breiten Rand stehen.

2 Klebe in den anderen Karton 20 sauber gespülte Joghurtbecher.

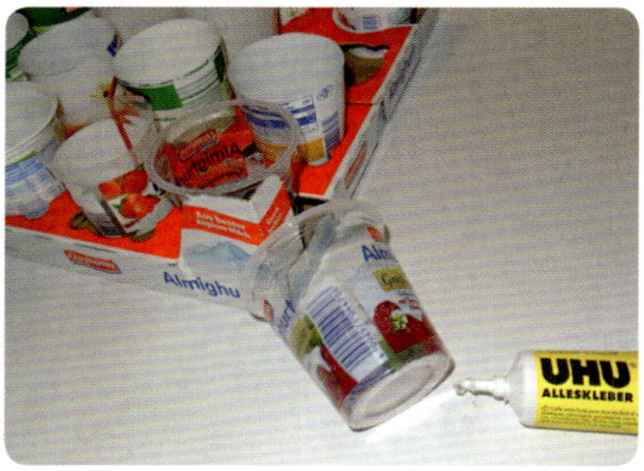

3 Streiche anschließend den äußeren Rand des Kartons mit Kleber ein und stecke den zweiten als Deckel darauf. Du kannst die beiden Kartons zusätzlich noch mit breitem Paketklebeband rundherum verbinden.

4 Zeichne auf hellbraunen Fotokarton die Fassade für das Haus: Miss zunächst die Höhe der Kartons aus (bei unserem Modell betrug sie 9 cm). Lege nun den Karton auf das Papier und umfahre den Umriss mit einem Stift. Zeichne dann rundherum einen 9 cm breiten Rand an. Außerdem markierst du eine Schneidelinie an den langen Seiten bis zu der jeweiligen Ecke, so wie du es auf dem Foto sehen kannst.

5 Teile das Rechteck in 20 gleichgroße Abschnitte ein und zeichne dann in jedes Viereck einen Kreis.

6 Schneide alle Kreise sorgfältig aus.

7 Hinterklebe die Kreise mit einem Packpapierstück, das so groß ist wie die Fläche des Deckels (hier sind es 30 cm x 37 cm).

8 Verziere danach die Adventskalenderfenster mit Glitzerliner in Gold und schreibe mit Perlmutt die Adventskalenderzahlen auf. Diese Farbe muss einige Stunden trocknen!

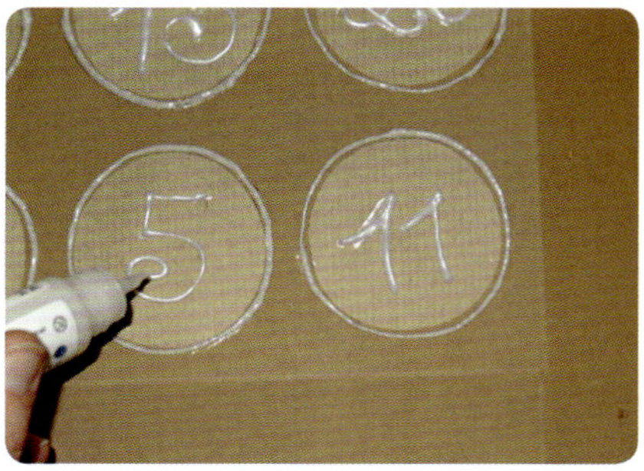

9 Schneide die Linien, die du angezeichnet hast, bis zu den Ecken ein. Falte die Kanten des Adventskalenderdeckels um und klebe die Ecken zusammen.

10 Fülle die Joghurtbecher mit kleinen Überraschungen und befestige den Deckel darauf.

11 Nun geht es weiter mit dem Dach: Schneide von der kleineren Schachtel eine der Seitenwände ab, so wie du es auf dem Foto sehen kannst. Achte darauf, dass auch hier wieder ein 1 cm breiter Rand übrig bleibt. Klebe die restlichen vier Joghurtbecher hinein.

12 Miss dem Umfang von drei Seiten des Kartons, sowie die Höhe ab. Schneide einen Fotokartonstreifen zurecht, der genau diese Maße hat und klebe ihn um die Schachtel.

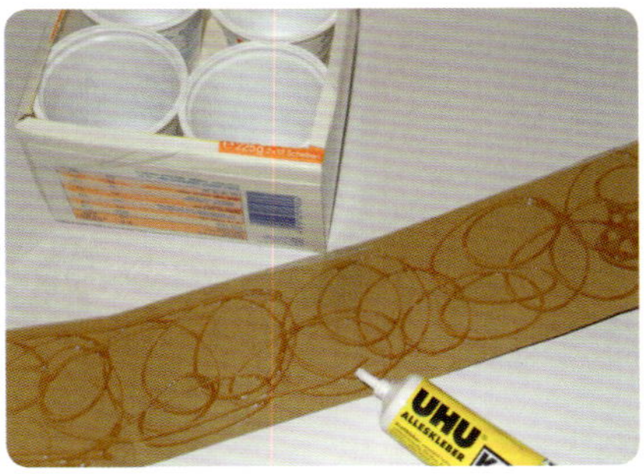

13 Schneide ebenfalls aus dem hellbraunen Fotokarton ein Dach zu: unseres ist 42 cm breit und 23 cm hoch. Passe die Maße an, wenn dein Karton größer sein sollte! Zeichne dann auch hier vier Kreise auf und schneide sie aus.

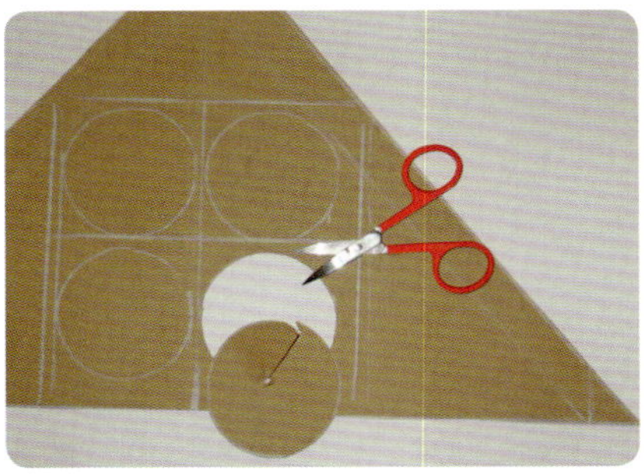

14 Hinterklebe die Kreise wieder und verzieren sie mit Goldrand und den restlichen vier Zahlen.

15 Fülle die vier Becher mit Geschenken und klebe dann das Dach auf. Fixiere es am großen Karton, sodass das Häuschen komplett ist.

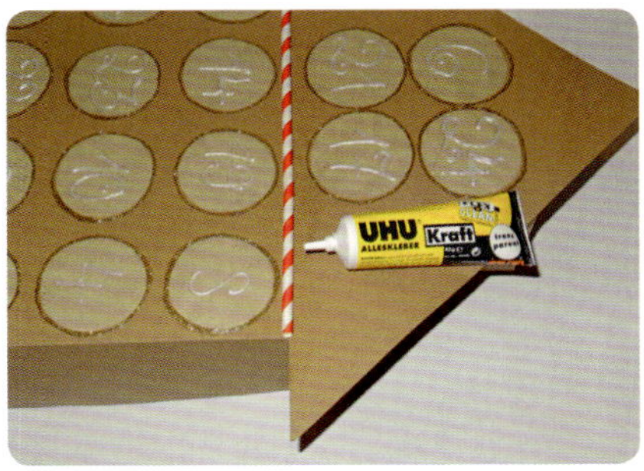

16 Gestalte dein Knusperhäuschen: Du kannst weißen Zuckerguss aufmalen, Knöpfe aufkleben, Trinkhalme als Zuckerstangen ankleben und einen Türrahmen aus Fotokarton ergänzen.

17 Auch ein kleiner Lebkuchenmann macht sich gut! Du findest ihn auf der Vorlagenseite 119.

Vom Himmel hoch …

himmlische Haushaltsfundstücke

Das brauchst du

Schwierigkeit ●●○

* 3 Pappbecher, 9 cm hoch
* Geschenkpapierreste in Rosa oder Flieder
* 2 Kosmetikwattepads
* 2 Kaffeekannenrosetten in Silber, ø 8 cm
* 2 Styropor®-Kugeln, ø 6 cm
* Edelstahltopfreiniger
* 2 Kronkorken
* 2 Chenilledrähte in Silber, ø 0,5 cm, 35 cm lang
* Acrylfarbe in Hautfarbe und Silber
* wasserfester Stift in Schwarz und Rot
* Buntstift in Rot
* Lackmalstift in Weiß
* Schere
* UHU Alleskleber Kraft
* ggf. Schaschlikstab
* ggf. Transparentpapierrest & Bleistift

Vorlage Seite 119

1 Schneide einen Pappbecher an der Längsseite auf und entferne den Boden. Lege den Becher flach auf das Geschenkpapier und zeichne die Umrisse nach. Schneide das Geschenkpapier entlang der Linie aus und klebe es als Kleid um den zweiten Pappbecher herum.

2 Forme aus der Watte kleine Kügelchen und klebe sie rundherum auf den Becher. Jetzt klebst du die silberne Rosette über den Becherboden. Das Engelskleid ist fertig.

3 Male die Styropor®-Kugel mit der hautfarbenen Acrylfarbe an. Wenn du möchtest, kannst du die Kugel zum Anmalen auf einen Schaschlikstab stecken. So bleiben deine Finger sauber. Lasse den Kopf gut trocknen.

4 Nehme ein kleines Stück Transparentpapier und pause die Vorlage des Engelsgesichts mit Bleistift darauf. Dann legst du die bemalte Seite auf das Gesicht und malst alles nochmal mit Bleistift nach, sodass das Gesicht auf deiner Styropor®-Kugel zu sehen ist. Jetzt kannst du es mit den Filzstiften nachziehen. Die Wangen malst du mit Buntstift auf.

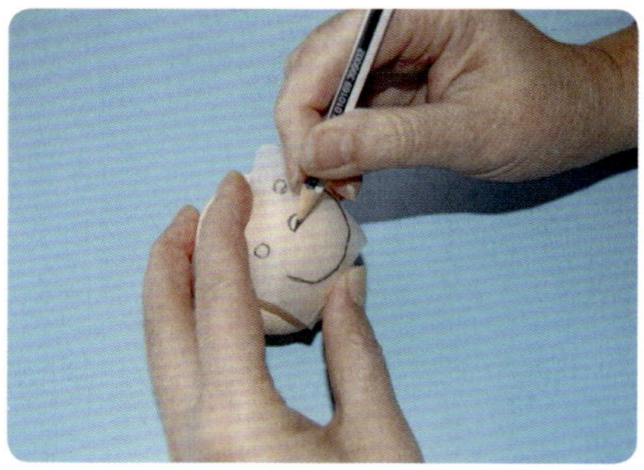

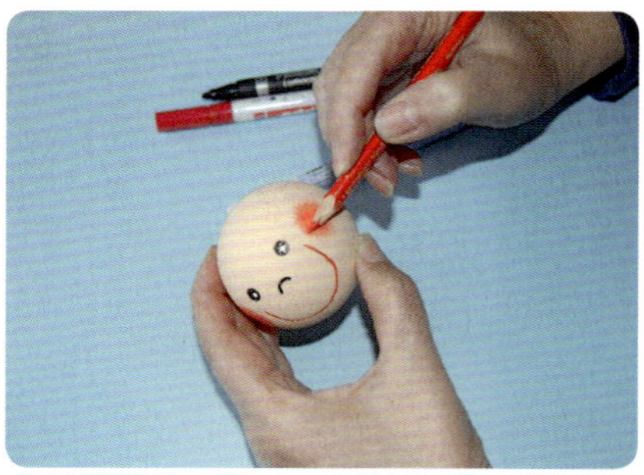

5 Klebe nun das Gesicht auf die Mitte des Kragens und klebe als Haare etwas Topfreiniger auf, den du dir mit der Schere zurechtschneidest.

6 Male den Kronkorken auch innen silbern an und lass ihn gut trocknen. Vom Chenilledraht schneidest du 8 cm ab und rollst ungefähr die Hälfte davon wie eine Schnecke auf. Klebe die Schnecke in die Unterseite des Flaschendeckels und lasse sie gut trocknen. Anschließend knickst du den noch geraden Chenilledraht nach unten und klebst ihn in der Mitte der Haare fest.

7 Aus dem übrigen Chenilledraht formst du nun zwei Flügel. Lege 13 cm zu einer Schlaufe und verdrehe sie in der Mitte. Dann legst du auf der gegenüberliegenden Seite die zweite Schlaufe. Klebe die Flügel an den Engelsrücken.

O Tannenbaum ...

Mini-Knopfbäume

Das brauchst du

Schwierigkeit

●●●

- 12 Kunststoffknöpfe in Grün, ø 0,8–3,5 cm
- 3 Kunststoffknöpfe in Rot, ø 0,8–3,5 cm
- Sternperle in Gold, ø 0,8 cm
- Holzperle in Braun, ø 2 cm
- Draht in Gold, 25 cm lang
- Karoband in Rot-Weiß, 2 cm breit, 30 cm lang

1 Recycling aus der Knopfkiste: Ordne die grünen Knöpfe der Größe nach, sodass ein kleiner Baum entsteht. Wenn du magst, kannst du auch noch ab und zu einen roten Knopf als „Baumschmuck“ dazwischen schichten.

2 Fädle die braune Holzperle auf den Golddraht, und befestige sie genau in der Mitte, indem du den Draht über der Kugel einige Male verdrehst.

3 Stecke nun die Knöpfe der Reihe nach auf die beiden Drahtstücke, so wie du sie vorher angeordnet hast.

4 Verdrehe die Drahtstücke nach dem letzten Knopf wieder miteinander und stecke zum Schluss die Sternperle auf.

5 Biege die Drahtenden zu einer Schlinge und verbinde sie mit einigen Umdrehungen.

6 Bringe das karierte Schleifenband an. Darf dein Mini-Weihnachtsbaum nun an den Christbaum oder soll er lieber ein Geschenk verzieren?

Herbergssuche

Weihnachtskrippe aus Recyclingmaterial

Das brauchst du

Schwierigkeit

- 4 Actimelflaschen
- 6 Watte- oder Styropor®-Kugeln, ø ca. 3 cm
- Weinkorken
- 1 Bastelholz pro Schaf, 15 cm lang, 3 cm breit (alternativ Eisstiele)
- je 4 Minibastelhölzer pro Schaf bzw. Krippe, 5,5 cm lang (alternativ Eisstiele)
- Acrylfarbe in Weiß, Hautfarbe, Rot, Dunkelbraun und Schwarz
- Stoffreste in Grau, Weiß, Rot, Blau, Sand und Schwarz
- Geschenkpapierrest in Weiß-Glitzer
- Filzwolle in Gelb und Braun
- Watte
- Kordelrest
- Chenilledraht in Gelb und Hautfarbe
- Dekogras (alternativ Stroh oder Moos)
- 3 Sternknöpfe in Gelb, ø ca. 1 cm
- Schuh- oder Pappkarton
- Eierkarton
- breiter Borstenpinsel
- dünner Pinsel oder Filzstift in Rot und Schwarz
- Küchenkrepp
- Bastelschere und Stoffschere
- Butterbrotpapier und Stecknadeln
- UHU Alleskleber
- Tacky Tape
- doppelseitiges Klebeband

Vorlage Seite 120

Stall und Krippe

1 Für den Stall nimmst du den Deckel des Schuhkartons ab und schneidest aus dem unteren Karton eine lange Seitenwand heraus. Schneide ihn so zurecht, dass nur noch drei Seitenwände (zwei kurze und eine lange) und der Boden übrig bleiben.

2 Für die Krippe trennst du aus einem Eierkarton die Vertiefung für ein Ei heraus und klebst an zwei gegenüberliegenden Seiten jeweils zwei Minibastelhölzer an. Achte darauf, dass ein Hölzchen immer schräg zum anderen steht. Lass dir dabei von einem Erwachsenen helfen, damit die Enden der Hölzer auf einer Höhe sind und die Krippe später auch sicher steht.

3 Bemale den Karton und die Krippe komplett mit dunkelbrauner Farbe und lass alles gut trocknen. Der Stall zu Bethlehem ist jetzt fertig und kann mit Dekogras oder Stroh gefüllt werden.

Tipp

Schäbiger Stall: Ist der Schuhkarton braun bemalt und getrocknet, tunkst du einen dicken Borstenpinsel in Hautfarbe und wischst ihn etwas am Küchenkrepp ab. Anschließend streichst du an ein paar Stellen leicht mit dem Pinsel über den Karton. Dadurch wird die Struktur des Kartons hervorgehoben und er sieht aus wie ein alter Stall aus Holz.

Heilige Familie

1 Bemale zunächst die Wattekugeln und den Weinkorken mit Hautfarbe. Ist alles gut getrocknet, klebst du die Kugeln mit Klebstoff auf die Actimelflaschen. Alle Figuren, bis auf das Jesuskind, bekommen so einen Körper.

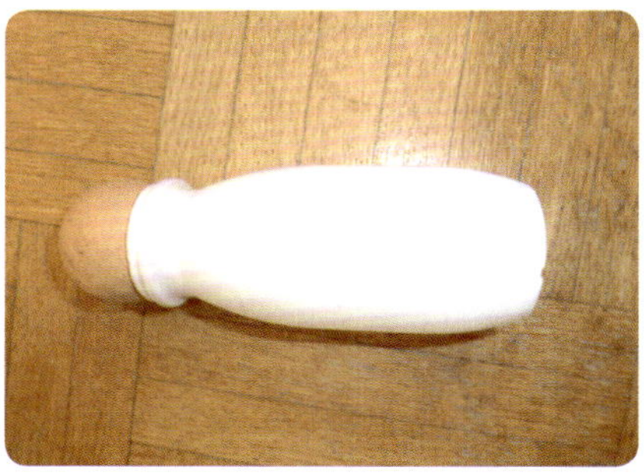

2 Jetzt werden deine Figuren angezogen. Übertrage dafür alle Vorlagen auf Butterbrotpapier, stecke sie dann mit Stecknadeln am Stoff fest und schneide sie mit der Stoffschere aus. Das Feststecken ist etwas knifflig. Lass dir dabei am besten von einem Erwachsenen helfen.

3 Bei Maria nimmst du für das Kopftuch blauen und für das Kleid roten Stoff. Wickle das Kleid um die Actimelflasche und befestige es hinten, wo sich der Stoff überlappt, mit Tacky Tape. Schlage das Kopftuch an der markierten Seite einmal um, trage etwas Klebstoff oben auf die Wattekugel auf und fixiere den Stoff an der umgeschlagenen Kante am Kopf. Knicke den Stoff dann links und rechts nach unten und klebe beide Seiten schräg übereinander fest. Nun steht hinten noch etwas Stoff ab. Den klappst du einfach als ein Dreieck zur Seite und befestigst ihn mit Tacky Tape.

4 Für deinen Josef klappst du zuerst den gelben Stoff einmal in der Mitte zusammen und legst die Vorlage dann bündig an der Faltkante an. Schneide die Kleidung aus und achte dabei darauf, dass du an der Faltkante außer dem Kragen nichts ausschneidest. Bringe an den markierten Stellen Tacky Tape an und stülpe das Kleidungsstück anschließend komplett um (auf rechts drehen). Klebe ein 18 cm langes Stück hautfarbenen Chenilledraht hinten unter den Rand der Actimelflasche und biege die Enden links und rechst zu Ösen um. So entstehen die Arme. Ziehe deinen Josef nun an und binde ihm zum Abschluss noch ein Stück Kordel um den Bauch.

5 Für das Jesuskind schneidest du aus weißem Stoff ein 15 cm x 8 cm großes Rechteck zu und wickelst es wie das Kopftuch der Maria um den Weinkorken.

6 Nun musst du bei allen Figuren nur noch die Gesichter gestalten. Beim Jesuskind und der Maria kannst du mit einem dünnen Pinsel oder einem Filzstift Augen, Nase und Mund aufmalen. Dem Josef musst du noch einen schwarzen Schnurrbart und Haare anmalen und zusätzlich den schwarzen Stoffbart ankleben. Fertig.

Engel

1 Schneide das Kleid des Engels aus weißem Stoff zu. Wickle es um die Plastikflasche und befestige es mit Tacky Tape.

2 Schneide nun ein 16 cm langes Stück hautfarbenen Chenilledraht zu, biege die Enden zu Ösen um und klebe die so entstandenen Arme hinten an den Rand der Flasche.

3 Zupfe einige Stücken aus der gelben Filzwolle, zwirble sie zu Strähnen und klebe sie wie es dir am besten gefällt als Engelshaar auf den Kopf.

4 Biege ein gelbes, 12 cm langes Stück Chenilledraht an einem Ende zu einem 3 cm großen Kreis. Schlinge das unbenutzte Ende einmal um den Kreis, sodass sich der Kreis nicht mehr öffnen kann und das Ende senkrecht vom Kreis wegführt. Befestige den so entstandenen Heiligenschein hinten am Kopf des Engels.

5 Übertrage die Vorlage auf das glitzernde Geschenkpapier, schneide die Flügel aus und klebe sie am Rücken des Engels fest.

6 Zum Abschluss malst du dem Engel das Gesicht auf und dekoriert das Kleidchen mit kleinen Sternknöpfen. Hast du keine Knöpfe, kannst du auch Aufkleber nehmen oder die Sterne aufmalen.

Schafe und Hirte

1 Körper und Kleidung des Hirten bastelst du genauso wie du es schon bei Josef gemacht hast. Seine Kleidung ist jedoch grau und seinen Bart formst du aus brauner Filzwolle. Außerdem bekommt er zusätzlich noch einen Hirtenstab und einen Hut. Der Hirtenstab ist ein 18 cm langes, hautfarbenes Stück Chenilledraht, das du an einem Ende rund biegst. Der Hut besteht aus zwei Teilen, die du aus schwarzem Stoff ausschneidest. Klebe zuerst das Innenteil auf den Kopf und stülpe dann die Hutkrempe darüber. Sitzt die Hutkrempe richtig, kannst du auch sie befestigen.

2 Für die Schafe trennst du jeweils eine Vertiefung aus dem Eierkarton heraus und bemalst sie rundherum mit weißer Acrylfarbe.

3 Ist die Farbe getrocknet, klebst du jeweils links und rechts zwei Minibastelhölzer (Eisstile) an. Achte darauf, dass immer ein Hölzchen gerade und das andere schräg dazu angebracht wird.

4 Schneide den übriggebliebenen schmalen Steg vorne ein Stück ein und fülle den Innenraum des Eierkartons mit Watte.

5 Dann schneidest du ein ca. 3 cm langes Stück von einem großen Bastelholz ab, trägst etwas Klebstoff am Ende auf und steckst es durch den Schlitz des Stegs in die Watte.

6 Umklebe den ganzen Körper mit Watte bis nur noch die Eisstile (also Beine und Kopf) heraus gucken. Forme eine kleine Wattekugel und klebe sie auf den Kopf des Schafs.

7 Jetzt musst du nur noch mit einem Fineliner die Augen aufmalen und fertig ist dein Schaf.

Im Winterwald

Spiellandschaft im Schuhkarton

Das brauchst du

Schwierigkeit ●●●

- Schuhkarton, 25 cm x 18 cm x 10 cm
- Acrylfarbe in Blau und Weiß
- Fotokarton in Grün, A3
- alte Spieltiere, hier: Hirsch, 9 cm hoch, Hirschkuh 6,5 cm hoch, 2 Hasen 5,5 cm hoch (alternativ alte Spielzeugautos)
- Klebesternchen in Silber, ø 1 cm
- Strukturschnee in Weiß
- Glimmer in Weiß-Irisierend
- 5 kleine Zapfen, 1,5 cm-2 cm lang
- 9 kleine Ästchen, ø 0,5 cm, 3 cm lang
- Borstenpinsel

Vorlage Seite 122

1 Male den Schuhkarton außen und an vier Innenseiten mit blauer Acrylfarbe an. Eine längere Innenwand bleibt als Boden noch frei. Diese malst du mit weißer Acrylfarbe an. Lass die Farbe gut trocknen. Decken die Farben nicht gut, malst du nach dem Trocknen eine zweite Farbschicht darüber. Trocknen lassen.

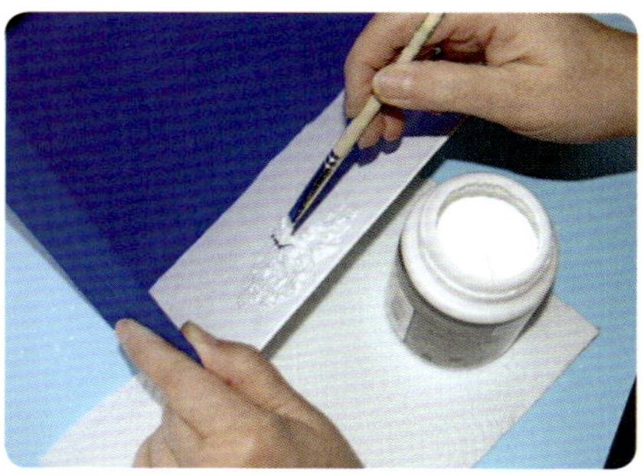

2 Jetzt tupfst du mit einem Borstenpinsel auf den Boden etwas Strukturschnee auf und streust den Glimmer in den Schnee, solange dieser noch nass ist. Wieder gut trocknen lassen.

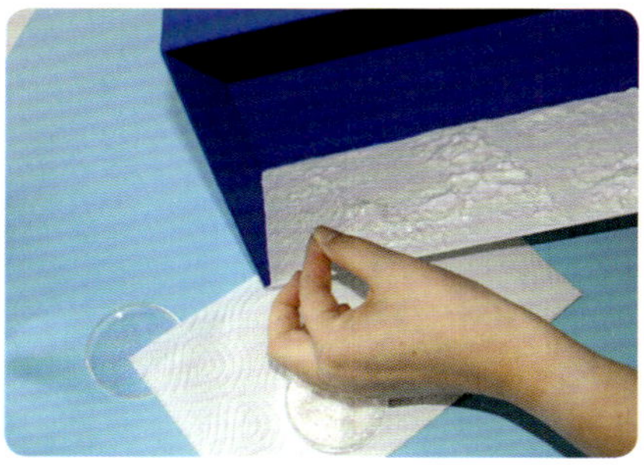

3 In der Zwischenzeit stellst du dir Schablonen der Bäume von der Vorlagenseite her und legst diese auf den grünen Fotokarton. Male die Bäume auf und schneide sie an den Umrisslinien aus.

4 Betupfe einige Zapfen, Ast- und Baumspitzen und die kleinen Plastiktiere mit Strukturschnee. Auch hier wird Glimmer in die noch nasse Masse gestreut. Gut trocknen lassen.

5 Jetzt kannst du die getrockneten Bäume innen an die Seitenwände des Kartons kleben. Dann klebst du die Sternchen über und zwischen die Bäume.

6 Auf dem Boden klebst du nun kleine Tannenzapfen und Äste fest. Ist alles gut getrocknet, kannst du die Tiere in deinen Schuhkarton stellen. Klebe sie nicht fest, damit du mit den Tieren spielen kannst.

Recycling-City

Eislichterstadt aus Milchtüten

Das brauchst du

Schwierigkeit ●●●

- Tetra Paks® in verschiedenen Größen
- Paketklebeband
- Lebensmittelfarbe in Rot, Gelb, Blau und Orange
- 4 große Gläser
- Teelichtgläser und Teelichter
- ggf. Kronkorken und Bonbonpapiere

1 Schneide die Tetra Paks® der Länge nach mittig auseinander.

2 Schneide am offenen Ende die Ecken um etwa 4 cm ein. Dann schneidest du von der Mitte aus bis zu den Schnittpunkten an der Seite, sodass ein Dach entsteht.

3 Knicke die Seiten um und fixiere sie mit dem Klebeband am Dach.

4 Schneide von der anderen Tetra Pak®-Hälfte einen Streifen ab, falte ihn und klebe ihn als Spitze ans Dach. Achte darauf, dass du mit dem Klebeband alle Kanten und offenen Stellen sehr gut abdeckst, damit die Eisformen auch wirklich dicht sind! Du kannst sie mit Wasser füllen, um das zu kontrollieren.

5 Wenn du möchtest, kannst du auch noch Fenster einbauen: Schneide einen Streifen Tetra Pak® zu und klebe ihn zu einem Rechteck zusammen. Fixiere ihn mit Klebeband in der Form.

6 Fülle Gläser mit Wasser und färbe es mit der Lebensmittelfarbe in deinen Lieblingsfarben. Schütte das Wasser in die Eisformen und lass sie über Nacht gefrieren.

7 Drücke die Häuser aus den Formen und stelle sie in den Schnee. Stelle hinter jedes Haus ein Teelichtglas. Wenn du die Lichter abends anzündest, leuchten deine Häuser ganz weihnachtlich!

Tipp

Du kannst auch kleine Ästchen und Zweige in klarem Wasser einfrieren und als Bäume zwischen deinen Häusern anordnen.

Tipp

Um besondere Effekte zu erzielen, kannst du verschiedene Recyclingmaterialien mit einfrieren: Kronkorken, Luftpolsterfolien oder Bonbonpapiere: Fülle deine Formen dann nur zur Hälfte mit Wasser, lege das Material mit in die Form und lasse sie über Nacht gefrieren. Fülle am nächsten Tag die Form dann vollständig auf und lass das Ganze noch mal gefrieren. Wie das glitzert!

Weihnacht-liches aus Papier

Basteln mit Papier

Das solltest du darüber wissen

Schneiden

Wenn mit einer Schere geschnitten wird, kannst du das übernehmen. Ein Cutter gehört allerdings immer in **Erwachsenenhände**! Papierstreifen, beispielsweise für Fröbelsterne, Quilling, Hexentreppen oder Glückssterne schneidet daher am besten ein Erwachsener mithilfe eines Stahllineals und eines Cutters auf einer Schneideunterlage zu.

Falten

Papier kann man prima falten – je dünner, desto besser! Besonders eignet sich Origamipapier. Auch Transparent- oder Geschenkpapier kannst du hervorragend falten, da es ganz dünn ist; zusätzlich findest du es bedruckt mit vielfältigsten Motiven und Mustern. Für exakte Faltlinien benötigst du ein Lineal und ein Falzbein, das ist eine Art Plastikstift, mit dem du Linien vorziehen kannst.

Kleben

Papier lässt sich wunderbar bekleben oder mit Klebstoff fixieren. Aber je nachdem, welchen Klebstoff man verwendet, ist das Ergebnis ein anderes. Kleine Kinder arbeiten am besten mit Kleister. Denn dieser lässt sich leicht mit den Händen auftragen und er ist aus der Kleidung auswaschbar. Wenn du schon sorgfältiger arbeiten kannst, verwendest du einen Klebestift. Für große Flächen bietet sich Sprühkleber an (draußen arbeiten!), für punktgenaues Arbeiten Flüssigkleber. Alle lösungsmittelfreien Klebstoffe lassen das Papier wellig werden.

Minivariante

Für kleinere Kinder ist es besonders attraktiv, fertige Formen weiter zu gestalten. Aus Schuh- und Eierkartons oder Klorollen entstehen schnell entzückende Figuren.

Pappmaché

Aus Zeitungspapierschnipseln und Kleister kannst du die tollsten Objekte modellieren. Das Kleisterpulver muss zunächst mit Wasser angerührt werden, hierbei müssen die Herstellerangaben auf der Packung beachtet werden (ein erwachsener Assistent soll dir dabei behilflich sein). Oft wird eine Grundform (Luftballon, Shampooflasche, Plastikschüssel) ummantelt. Kleine Details modellierst du aus Toilettenpapier (oder Papiermehl) und Kleister. Soll das Gebastelte lichtdurchlässig sein (beispielsweise eine Laterne oder ein Windlicht), ersetzt du das Zeitungspapier durch Transparent- oder Seidenpapier.

Schablonen

Für viele Techniken benötigst du eine Schablone – manchmal genügt es, wenn du die Vorlagenzeichnung mithilfe von Kohlepapier auf dein Bastelmaterial überträgst. Wenn du aber in einer Kindergruppe arbeitest oder ein Element mehrfach benötigst, dann solltest du die Vorlage auf Pappe übertragen, sorgfältig ausschneiden und dann mit dieser Schablone arbeiten. Lege sie auf den entsprechenden Untergrund, umfahre sie mit einem Stift und schneide das Objekt aus.

Stanzer

Motivstanzer eignen sich vorzüglich, um ein kleines Papiermotiv in Masse herzustellen. Du kannst Positiv und Negativ der Stanzung verwenden. Wenn du beispielsweise eine Schneeball-Lampe wie auf Seite 32 herstellen möchtest, dann solltest du die auf jeden Fall so einen „Knipser" anschaffen.

Achtung!

Kerzen sind in der Weihnachtszeit eine beliebte Dekoration. Verwende sie nie ohne die Aufsicht eines Erwachsenen und lasse sie nicht brennen, wenn du den Raum verlässt!

Funkeln im Fenster

Faltsterne aus Transparentpapier

Das brauchst du

Schwierigkeit
●●●

* Transparentpapier in Gelb, A3
* Fotokartonrest in Schwarz
* Motivstanzer „Stern“, ø 2,5 cm
* Schere
* UHU Alleskleber Gel oder Klebestift
* Klebefilm

1 Stanze aus dem schwarzen Fotokarton neun Sterne aus.

2 Schneide aus dem gelben Transparentpapier 16 Rechtecke à 10 cm x 5 cm aus.

3 Hast du alles ausgeschnitten, geht es ans Falten. Klappe das Papier einmal der Länge nach zusammen und öffne es wieder. Falte alle Ecken zur Mittellinie und klappe sie wieder auf.

4 Knicke die Spitzen an die entstandene Faltkante und klappe alles wieder zusammen.

5 Falte dann alle Kanten erneut zur Mittellinie.

6 Klappe die eben zur Mittellinie gefalteten Kanten wieder nach außen auf. Schneide das Papier entlang der zuvor nach innen gefalteten Spitzen ein und knicke jeweils ein kleines Dreieck an die Außenkante.

7 Nun schneidest du auf einer Seite deines Papiers an den äußeren Spitzen links und rechts noch einmal ein. Auch hier schneidest du wieder entlang der vorher gefalteten Kante und knickst dann die nun freie Spitze zur inneren Faltlinie, sodass wieder ein Dreieck entsteht.

8 Dann klappst du alles wieder sorgfältig zusammen.

9 Jetzt wird geklebt: Setze immer die untere Kante des zweiten Sterns an der Mittellinie des ersten an und mach das solange bis dein Stern geschlossen ist.

10 Beklebe ihn abschließend wie abgebildet mit den ausgestanzten Sternen.

Christbaumkugeln

aus Wabenpapier

Das brauchst du

Schwierigkeit
●●●

* Wabenpapierkugel in Rot, ø 10 cm oder Wabenpapier in Rot, A5
* Fotokartonrest in Hellgrün mit Pünktchen oder Gelb
* 3 Pompons in Glitzerrot, ø 1,5 cm oder Seidenpapierrest in Gelb
* Zahnstocher (nur für die Kerze)
* Wolle in Gelb oder Gold, 30 cm lang
* Buntstifte in Grün oder Orange und Weiß
* Filzstift in Schwarz
* UHU Alleskleber Kraft

Vorlage Seite 121

Kerze

1 Übertrage die Kugelvorlage auf das Wabenpapier, schneide sie aus, klebe sie aber erst später zusammen.

2 Übertrage die beiden Flammen auf die Fotokartonstücke und schneide sie sorgfältig aus.

3 Schattiere die Flamme mit Buntstiften und füge sie anschließend mit dem „Schein" aus Seidenpapier zusammen.

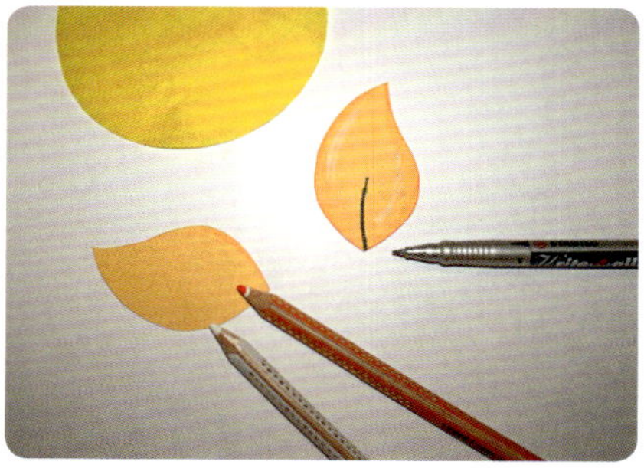

4 Fixiere den Zahnstocher zwischen den beiden Flammen und dem Schein.

Tipp

Du kannst Kugeln in verschiedenen Größen basteln und damit den Weihnachtsbaum schmücken. In Miniatur machen sie sich an Geschenken gut. Auf eine lange Schnur gefädelt ergeben sie eine schöne Weihnachtsgirlande.

5 Lege den Zahnstocher mit der Flamme und der Wollfadenschlinge an die Kante des Wabenpapierkreises und fixiere beides mit etwas Klebeband. Klebe die Kugel zusammen.

Christbaumkugel

1 Fertige eine Kugel aus Wabenpapier an oder verwende eine fertige Wabenpapierkugel. Lege eine Wollfadenschlinge in die Wabenpapierkugel. Klebe die Wabenpapierkugel zusammen.

2 Schneide sorgfältig die Blätter aus Fotokarton aus.

3 Schattiere die Blätter mit Buntstiften.

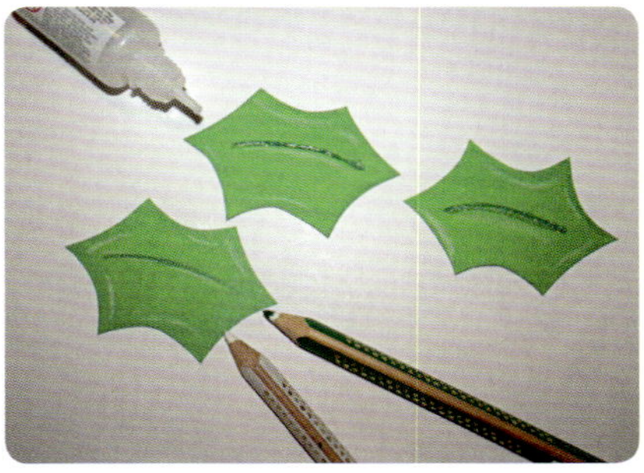

4 Befestige die Ilex-Blätter und die Pompons mit Klebstoff an der Kugel.

Märchenhaft!

Scherenschnitt auf Lichtertüten

Das brauchst du

Schwierigkeit ●●○

* 2 Luminaria in Weiß
* Fotokartonrest in Schwarz
* Masking Tape in Hellblau mit Punkten und Hellgrün
* Buntstift in Weiß
* Glitzerkleber in Weiß
* UHU Alleskleber Kraft
* Bastelschere

Vorlage Seite 119

1 Übertrage die beiden Märchenmotive auf den schwarzen Fotokarton (gut geht das mit einem hellen Buntstift) und schneide sie sehr sorgfältig aus.

2 Feine Linien kannst du mit einer Nagelschere ausschneiden, oder einen Erwachsenen bitten, das mit einem Cutter zu erledigen.

3 Klebe die Märchenfiguren mit UHU Alleskleber Kraft auf die Lichtertüte.

4 Verziere die Tüten mit Glitzerkleber und Masking Tape.

Tipp

Gestalte die Lichttüte mit einem Motiv aus deinem Lieblingsmärchen – dann kannst du sie auch nicht nur zur Weihnachtszeit aufstellen! Wie wäre es mit der kleinen Meerjungfrau, mit Aschenputtels Tauben oder dem Froschkönig mit der goldenen Kugel?

Leuchtender Schneeball

Lampe aus Muffinförmchen

Das brauchst du

Schwierigkeit

●●●

- Papierlampenschirm, rund, ø 30 cm
- 300 Pralinenkapseln in Weiß
- 100 Muffinförmchen in Weiß
- Motivstanzer „Schneeflocke", ø ca. 1,5 cm und 2,5 cm
- 3 Blatt Kopierpapier in Weiß, A4
- UHU Alleskleber Kraft
- UHU Stick

1 Zu allererst spannst du deinen Lampenschirm auf.

2 Jetzt kannst du ihn mit Pralinenkapseln oder Muffinförmchen bekleben. Dafür fängst du am besten an der oberen Öffnung an und klebst die Förmchen mit Bastelkleber so dicht wie möglich um sie herum.

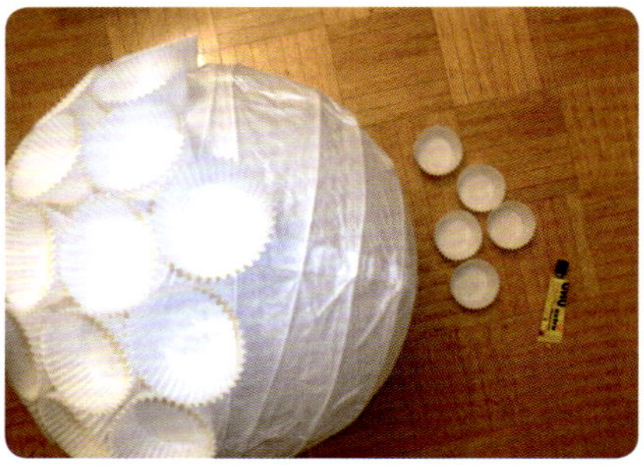

3 Klebe in jedes Muffinförmchen noch eine Pralinenkapsel und stanzte dann große Schneeflocken aus, die du in die Kapseln klebst.

4 Für die Variante mit den Pralinenkapseln stanzt du aus Kopierpapier mit dem kleinen Stanzer Schneeflocken aus und klebst sie mit dem Klebestift in die Förmchen. Deine erste Runde ist geschafft. Arbeite dich so Kreis für Kreis um die Lampe herum bis du den ganzen Schirm beklebt hast.

5 Ist der Klebstoff trocken, kannst du deinen Schneeball an einer Lampenfassung anbringen und erstrahlen lassen.

Hinweis

Wenn du nicht so viel Geduld hast, solltest du die Muffinförmchen für deine Lampe nehmen, damit bist du viel schneller fertig. Allerdings entstehen dann auch größere Lücken auf deinem Lampenschirm, weil sie sich nicht so dicht setzen lassen wie die Pralinenkapseln.

Rudi und Romy Ren

Klorollentiere

Das brauchst du

Schwierigkeit ●●●

- 2 Toilettenpapierrollen
- Ästchen, 4 x 10 cm lang und 1x 8 cm lang, ø 1 cm
- 2 dünne Zweiglein, 12 cm lang
- Pompon in Rot, ø 1,5 cm
- Filzrest in Weiß und Pink bzw. Hellgrün
- 2 Sternperlen in Pink bzw. Blau, ø 0,8 cm
- Filzstift in Schwarz
- Buntstift in Rot
- UHU Alleskleber Kraft
- Zackenschere
- spitze Schere

Vorlage Seite 120

1 Stich mit einer spitzen Schere vier Löcher in die erste Klorolle. Wenn du dir unsicher bist, bitte einen großen Helfer, dich zu unterstützen!

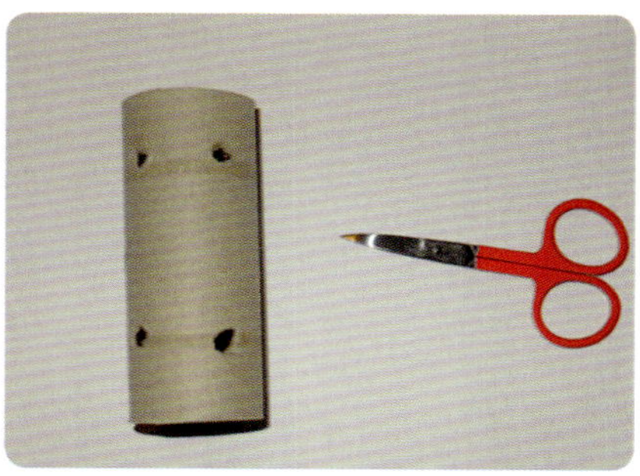

2 Stecke die vier Ästchen für die Beine in die Löcher und fixiere sie innen mit Kraftkleber.

3 Stich nun ein Loch für den Hals auf der Oberseite der Rolle ein.

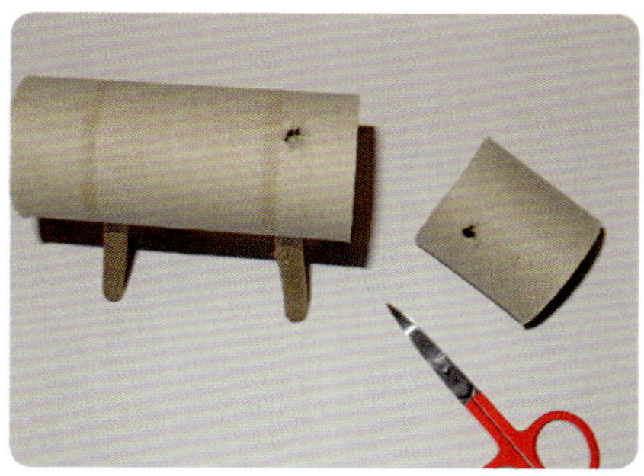

4 Schneide die zweite Rolle in zwei gleich große Stücke. Stich auf der Unterseite 1 cm vom Rand entfernt ein Loch für den Hals ein.

5 Stecke das Rentier mit dem letzten Ästchen zusammen und fixiere es auf den Innenseiten mit Kleber.

6 Stich am Oberkopf kleinere Löcher für das Geweih ein und klebe dieses mit Kraftkleber hinein.

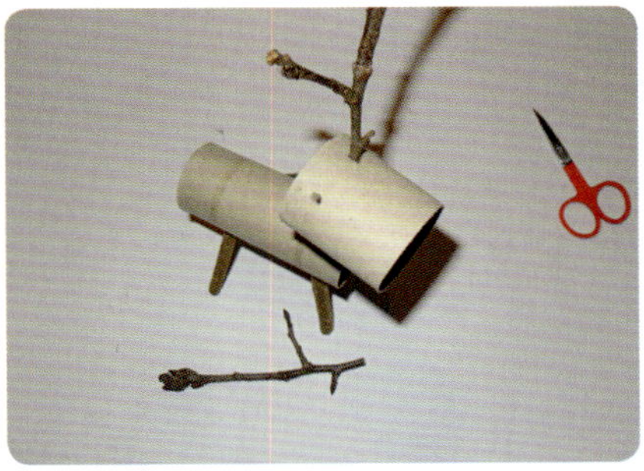

7 Befestige den roten Pompon als Nase am Rentierkopf und male mit einem schwarzen Filzstift das Gesicht auf. Romy bekommt etwas Wangenrouge.

8 Schneide aus dem Filz die Sattelteile mit der Zackenschere aus. Klebe sie zusammen und verziere sie mit den Sternchenperlen. Fixiere den Sattel auf dem Rücken des Rentiers.

Zauberhafter Engelschor

Faltschnittgirlande für Groß und Klein

Das brauchst du

Schwierigkeit
●●●

- Zeichenpapier in Weiß, A3
- Fotokartonrest in Gold
- Buntstifte in Gelb, Gold, Rot und Schwarz
- 16 Federn in Weiß (pro Engel 2 Stück)
- Motivstanzer „Stern", ø 2,5 cm
- Schere
- UHU Alleskleber

Vorlage Seite 121

1 Halbiere dein Zeichenpapier einmal der Länge nach und falte jeden Streifen dann zu einer 10,5 cm breiten Ziehharmonika.

2 Übertrage die Vorlage für den Engel auf die oberste Schicht der gefalteten Streifen und schneide den Umriss aus. Achte darauf, dass die Hände der Engel exakt mit den Rändern abschließen und du dort auch nicht entlang schneidest, da sonst keine Girlande entstehen kann.

3 Hast du beide Girlanden ausgeschnitten, klebst du sie an den Händen der Engel zu einer zusammen.

4 Male deinen Engeln Haare und Gesichter auf, zeichne Rockfalten an und färbe den Kragen und Heiligenschein ein. Dann stanzt du aus dem Goldkarton Sterne aus und klebst sie jeweils auf das Kleid.

5 Zum Schluss bringst du noch auf der Rückseite jeweils ein Paar Federn an den Flügeln an und schon kann der Chor der Engel am Fenster aufgehängt werden.

Tipp

Du kannst deine Engel natürlich auch ganz bunt gestalten. Besonders lustig wirkt es, wenn du jedem Engel ein anderes Gesicht malst.

Es glitzert und funkelt

kinderleichte Faltschneeflocken

Das brauchst du

Schwierigkeit
●●●

- Geschenkpapier in Weiß-Glitter, A3
- Dekorpapier in Weiß-Perlmutt, A3
- Zirkel
- Bastelschere
- ggf. Klebefilm

1 Zeichne als Erstes mit dem Zirkel Kreise auf dein Wunschpapier und schneide sie aus. Die hier gezeigten Schneeflocken haben einen Durchmesser von 11 cm, 15 cm und 22 cm, du kannst aber selbst entscheiden, wie groß deine Schneeflocke sein soll.

2 Klappe die Kreise einmal mittig zusammen und falte dann die Halbkreise noch einmal der Länge nach. Die entstandenen Viertel knickst du dann noch einmal mittig, sodass kleine Tüten entstehen.

3 Schneiden ringsherum an allen Rändern kleine Dreiecke, Vierecke, Linien und Halbkreise ein oder was dir sonst noch einfällt. Schneidest du die Spitze ab, entsteht ein Loch in der Mitte deiner Schneeflocke.

4 Damit deine Schneeflocken einzelne „Arme" bekommen, musst du an der Rundung der Tüte einmal tief einschneiden und eventuell ein großes spitzes Dreieck heraustrennen. An den Seiten dieses Dreiecks kannst du dann wiederum kleine Formen einschneiden.

5 Wenn du jetzt deine Tüte wieder auffaltest, hast du eine wunderschöne Schneeflocke gebastelt. Ist es nicht immer wieder eine Überraschung, welche tollen Muster entstehen?

Grüße an Fräulein Weber

festliche Webkarten

Das brauchst du

Schwierigkeit ●●●

* Fotokarton in Rot und Grün, A4
* Origamipapier oder Geschenkpapier
* Goldpapierrest
* Kopierpapier
* Klebstoff
* Lineal
* Schere oder Cutter & Unterlage
* Zirkel

1 Schneide aus dem roten und dem grünen Fotokarton je ein Rechteck von 22 cm x 15 cm zu und klappe es dann einmal mittig zu einer Karte zusammen.

2 Für die grüne Karte schneidest du 20 Streifen à 1 cm x 15 cm grün bedrucktes Papier zurecht. Für die rote Karte brauchst du 10 grüne Streifen und 10 weiß gemusterte Streifen der gleichen Länge. Hast du noch keine Erfahrung im Umgang mit einem Cutter, sollte ein Erwachsener das übernehmen!

3 Dann wird gewoben: Lege alle weißen Streifen senkrecht vor dich hin und webe quer die grünen Streifen hinein. Führe dafür den grünen Streifen immer abwechselnd einmal über dem weißen Längsstreifen und einmal unter dem nächsten Längsstreifen entlang.

4 Beim zweiten grünen Streifen musst du genau entgegengesetzt fädeln. Also erst unter dem Längsstreifen und dann darüber. Auf diese Weise flichtst du immer abwechselnd die 10 grünen Streifen ein. Ist dir das gelungen, schiebe dein Flechtwerk schön eng zusammen und klebe es auf ein Blatt Kopierpapier.

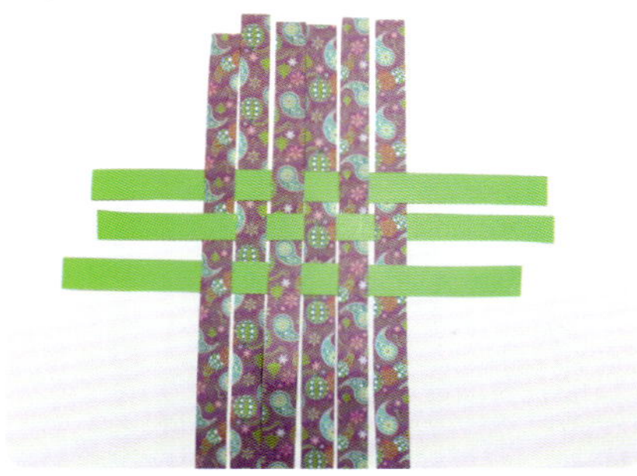

5 Dann nimmst du einen Zirkel und ziehst in einem Radius von 5 cm einen Kreis aus deinem Flechtwerk. Schneide den Kreis auf und befestige ihn vorn auf der roten Karte.

6 Zum Schluss schneidest du noch ein 2 cm x 1 cm großes Rechteck aus dem Goldpapier aus und klebst es oben auf deinen Kreis, so entsteht eine hübsche Christbaumkugel. Die grüne Christbaumkugel bastelst du genauso, allerdings ist es hier etwas kniffliger, weil alle Streifen die gleiche Farbe haben. Jetzt können die Weihnachtsgrüße geschrieben und verschickt werden.

Fernweh

Fröbelsterne aus Landkarten

Das brauchst du

Schwierigkeit
●●●

* 4 Papierstreifen aus einer alten Landkarte geschnitten, je 2,5 cm breit, je 65 cm lang
* ggf. Nylonfaden
* ggf. Nähnadel

1 Knicke die vier Streifen hälftig. Schneide die Spitzen an den offenen Enden im 45°-Winkel ab.

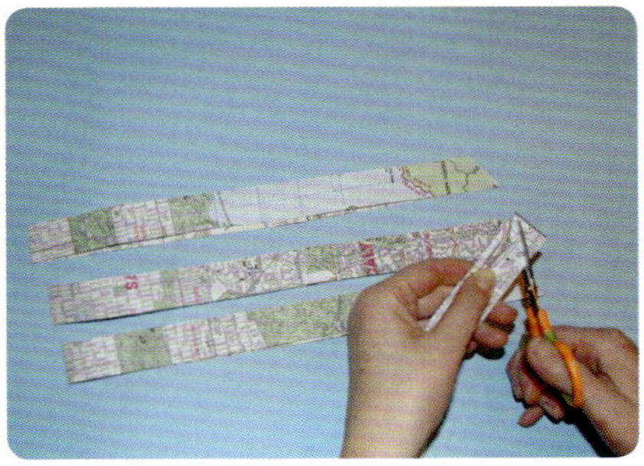

2 Lege einen Streifen senkrecht vor dich hin, das geschlossene Ende zeigt nach oben. Ziehe einen zweiten Streifen von links in den senkrechten Streifen, das offene Ende des zweiten Streifens zeigt nach rechts.

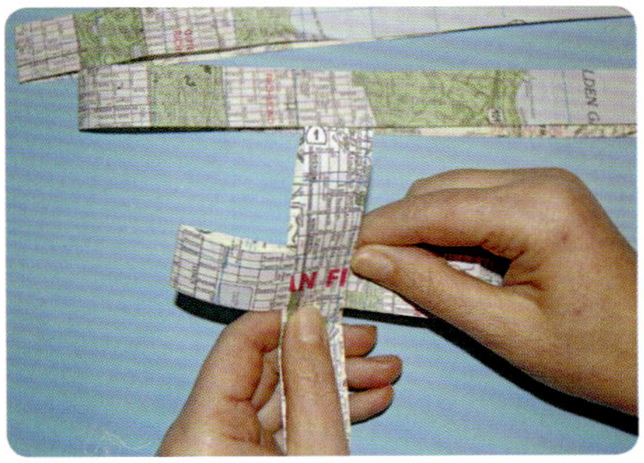

3 Als nächsten wird ein dritter Streifen von rechts um den ersten senkrechten Streifen gelegt.

4 Den vierten Streifen von unten um den dritten Streifen legen und durch den zweiten Streifen ziehen.

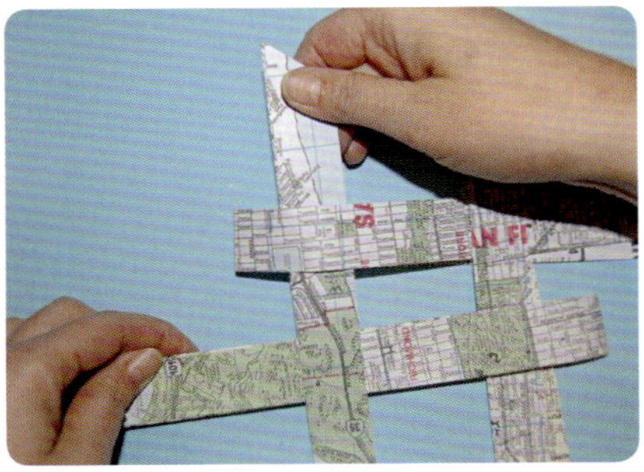

5 Ziehe alle Streifen zusammen, es ist ein Viereck als Flechtmuster entstanden.

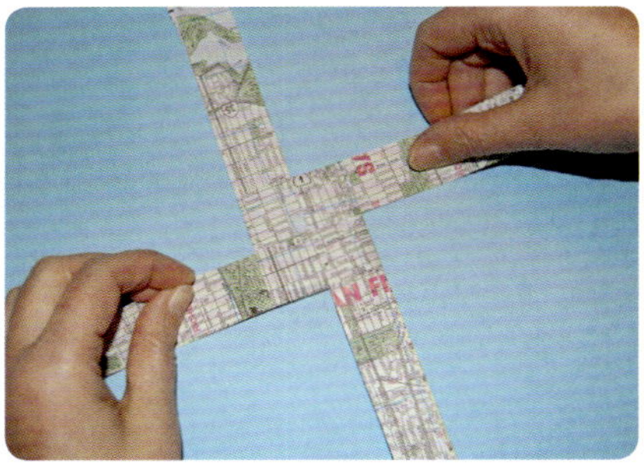

6 Nimm den oben senkrecht liegenden Streifen und schlage ihn an der Kante in die entgegengesetzte Richtung nach unten. Die nächsten Streifen schlägst du entgegengesetzt dem Uhrzeigersinn um: Der Streifen links wird nach rechts gelegt und der Streifen unten nach oben. Nun faltest du den rechten Streifen nach links und ziehst ihn durch die davorliegende Schlaufe.

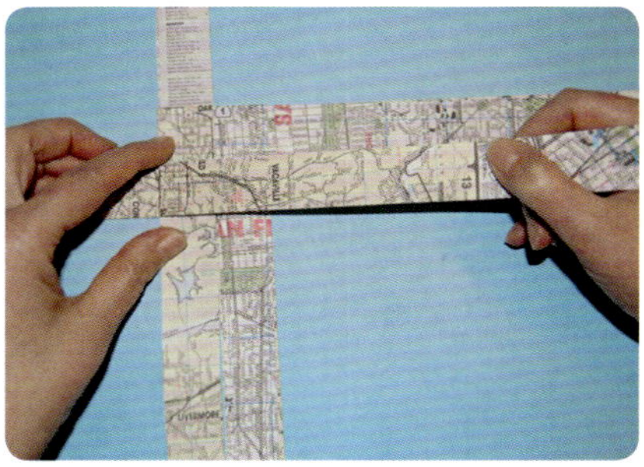

7 Nimm nun den senkrecht nach unten liegenden linken Streifen und falte ihn nach hinten zu einem kleinen Dreieck, der Rest des Streifens zeigt nun nach links.

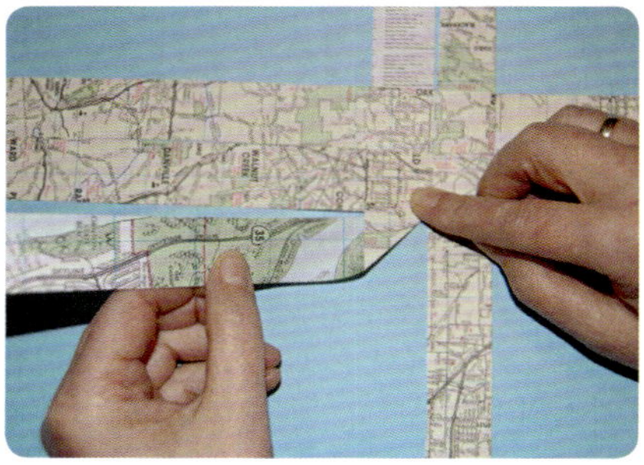

8 Jetzt den Streifen im 45 ° Winkel direkt neben dem Dreieck nach vorne falten, der Streifenrest zeigt nach oben.

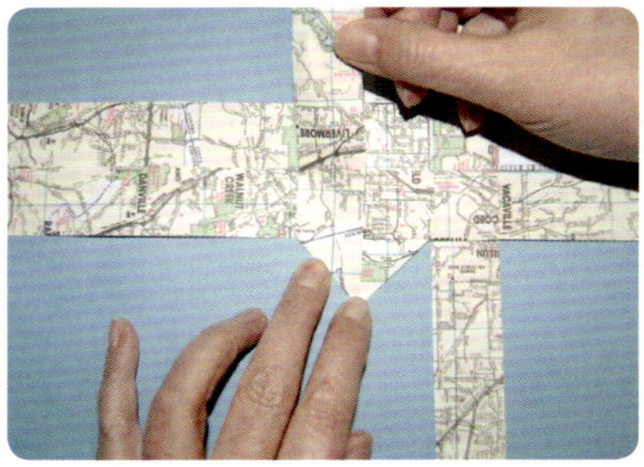

9 Klappe beide Dreiecke in der Mitte, sodass sie deckungsgleich übereinanderliegen. Den Stern in die Hand nehmen, das gefaltete Dreieck etwas nach hinten wegknicken und das Streifenende durch die darunterliegende Schlaufe ziehen.

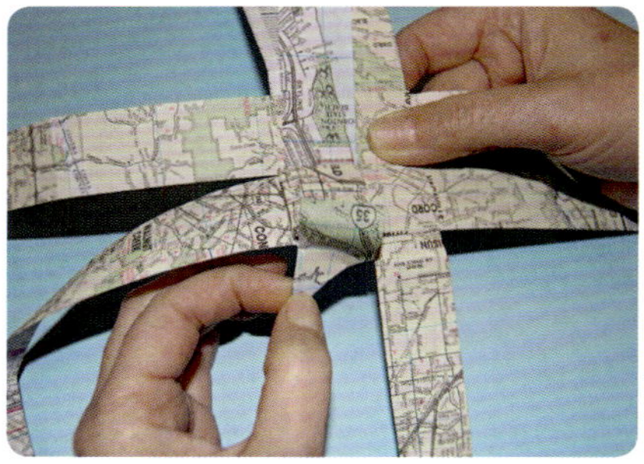

10 Die weiteren drei Spitzen dieser Sternseite auf die gleiche Weise fertigen. Hast du alle Spitzen fertiggestellt, drehst du den Stern auf die andere Seite und arbeitest die Spitzen genauso aus.

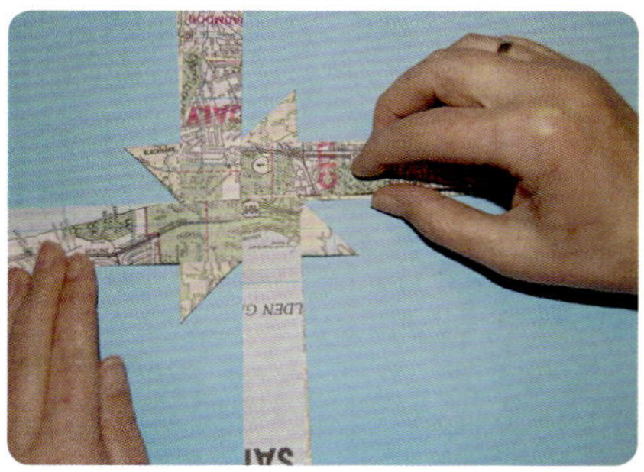

11 Nun drehst du den Stern wieder um. Falte den linken senkrechten Streifen oben in die entgegengesetzte Richtung, den oberen rechten Streifen nach links, den unteren rechten Streifen nach oben. Jetzt hebst du den unteren linken Streifen hoch und ziehst den seitlichen linken Streifen auf die rechte Seite. Dann den unteren Streifen zurückklappen.

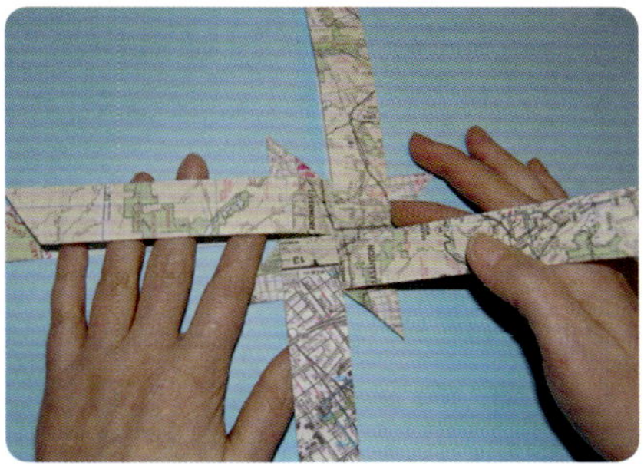

12 Falte den unteren linken Streifen außen zu einem Dreieck, sodass das Streifenende links liegt. Halte den Streifen senkrecht und falte eine Tüte. Führe den Streifen nach rechts durch die Schlaufe. Auf diese Weise auf beiden Seiten alle tütenförmigen Spitzen formen. Also auch auf der zweiten Seite führst du zuerst den vorherigen Arbeitsschritt (Streifen umklappen) aus und formst dann die Tüten.

13 Die überstehenden Streifenenden bündig mit den Sternspitzen abschneiden. Wenn du möchtest, kannst du die Sterne mit Nylonfaden aufhängen.

Tipp

Ein Erwachsener kann dir die Landkartenstreifen mit Cutter und Unterlage zuschneiden. Schön sind auch andere alte Papierfundstücke: Notenblätter, Weihnachtsgeschichten oder alte, vergilbte Kochbücher.

Modellieren zu Weihnachten

Basteln mit Modelliermassen

Das solltest du darüber wissen

Unterlage

Gerade farbige Modelliermassen hinterlassen oft eine farbige Spur. Daher ist es wichtig, dass du deinen Arbeitsplatz mit einer Wachstischdecke oder einem Plastiktischset abdeckst, bevor du ans Werk gehst.

Werkzeuge

Zum Modellieren benötigst du vor allem geschickte Finger. Manchmal können aber auch ein Küchenmesser, eine Knoblauchpresse, eine Gabel oder ein Zahnstocher hilfreich sein. Im Bastelladen gibt es auch spezielle Modellierwerkzeuge.

Teile zusammensetzen

Fimo®-Teile kannst du einfach zusammendrücken und mit einem Modellierholz die Ränder nacharbeiten. Bei Salzteig und Modelliermasse feuchtest du die Teile, die du zusammensetzen möchtest, erst leicht mit

Tipp
Da die farbigen Modelliermassen abfärben, bekommen wahrscheinlich auch deine Hände etwas Farbe ab. Wenn du also mit dem Modellieren fertig bist, oder eine Pause machst, solltest du dir die Hände gründlich waschen.

Wasser an. Größere Teile kannst du auch mit einem Zahnstocherstück verbinden.

Färben
Selbstgemachte Modelliermassen kann man einfärben, indem man Lebensmittel- oder Acrylfarbe beimischt. Für braunen Teig kannst du außerdem Kakao einkneten. Wenn du ein naturfarbenes Objekt geknetet hast, kannst du es auch trocknen lassen und anschließend mit Acrylfarben bemalen.

Farben mischen
Farbige Modelliermassen kann man so lange miteinander durchkneten, bis sich die Farben vermischen. Oder man verzwirbelt sie nur miteinander, sodass ein Marmoreffekt entsteht. Man kann aus langen Strängen ganze Musterwürste legen und diese dann scheibchenweise oder zu Kugeln gerollt verwenden. So entstehen herrliche Millefiori- oder Schachbrettmuster.

Bemalen
Figuren aus Salzteig oder lufttrocknender Modelliermasse bemalst du am besten mit Acrylfarbe. Du kannst sie anschließend mit Lack bestreichen, das macht sie haltbarer. Kleinteilige Gesichter kannst du nach dem Trocknen und Bemalen mit wasserfestem Filzstift aufmalen.

Lufttrocknende Modelliermassen
Lufttrocknender Ton, selbst gemachte Knete und dünne Objekte aus Salzteig können an der Luft aushärten. Andere Modelliermassen müssen im Ofen getrocknet werden.

Brennen
Fimo®, Pluffy®- und Radierknete müssen im Ofen gehärtet werden. Je nach Material variieren dabei die Herstellerangaben, die eingehalten werden sollten. Salzteig ist ein echter Energiefresser, daher sollte, wenn möglich, immer ein ganzer Backofen voll gebrannt werden. Echter Ton und Porzellan werden in sehr heißen Spezialöfen gebrannt. Du kannst in einer Töpferei in deiner Nähe nachfragen, ob du dort deine Kunstwerke brennen darfst.

Rezept Salzteig
2 Tassen Mehl
2 Tassen Salz
½ Tasse Wasser
ggf. Teelöffel Öl

Lass dein Objekt erst einen Tag trocknen, dann kannst du es unter der Aufsicht eines Erwachsenen im Ofen bei 100 Grad für zwei Stunden backen. Fertige Stücke klingen hohl.

Indoor-Schneemann

Modelliermasse bestickt

Das brauchst du

Schwierigkeit
●●●

* 3 Pappkartons, 30 cm x 30 cm x 30 cm
* Rolle Packpapier in Braun, 1 m breit, 5 m lang
* Acrylfarbe in Weiß und Schwarz
* Strukturschnee
* Glimmer in Weiß-Irisierend
* Fimo®Air in Ton
* Laternenschachtel, ø 11 cm und 15 cm
* Wellpappe in Schwarz, 50 cm x 70 cm
* Ast, ø 2 cm, 60 cm lang
* Chiffonband in Braun, 5 cm breit, 64 cm lang
* Ausstechform Schneeflocke, ø 4 cm
* Paketschnur, ø 0,2 cm, 80 cm lang
* Chiffonband in Braun, 1 cm breit, 80 cm lang
* Klebefilm
* Strohhalm
* Borstenpinsel
* Bleistift
* Cutter
* Heißkleber
* ggf. zwei Topfdeckel, Tasse (alternativ Zirkel)

1 Packe die drei Kartons mit Packpapier ein. Schneide es dir passend zu und befestige die losen Enden mit Klebefilm. Alternativ kannst du drei naturfarbene Kartons mit Deckel verwenden.

2 Zeichne mit einem Bleistift auf zwei Kartons Kreise (ø 28 cm) für den Bauch auf und auf einen Karton einen Kreis (ø 24 cm) für das Gesicht. Zum Anzeichnen der Kreise kannst du Topfdeckel verwenden.

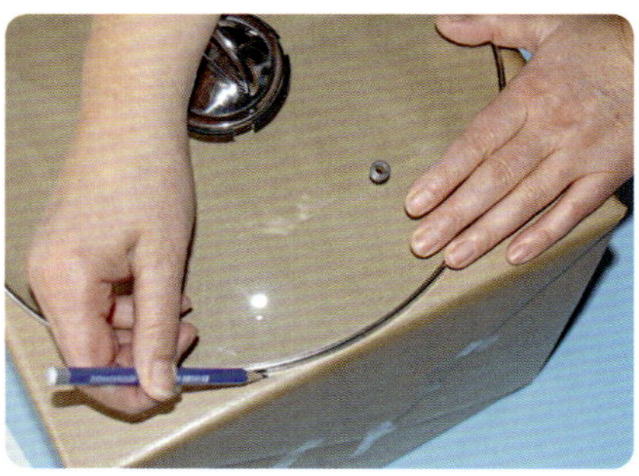

3 Male mit weißer Acrylfarbe die Kreise aus. Lass alles gut trocknen, dann tupfst du mit einem Borstenpinsel den Strukturschnee in die Kreise und streust den irisierenden Glimmer in die noch nasse Farbe.

4 Für die Nase modellierst du eine Kugel, ø 4 cm und rollst sie dann in Rübenform. Für die Augen formst du zwei Kugeln, ø 2,5 cm, für den Mund fünf Kugeln, ø 2 cm. Alle modellierten Elemente flachdrücken und trocknen lassen.

5 Rolle die Fimo®Air-Masse 0,5 cm dick aus und stich mit einer umgedrehten Tasse vier Knöpfe aus. Die Knopflöcher stichst du mit einem Strohhalm ein.

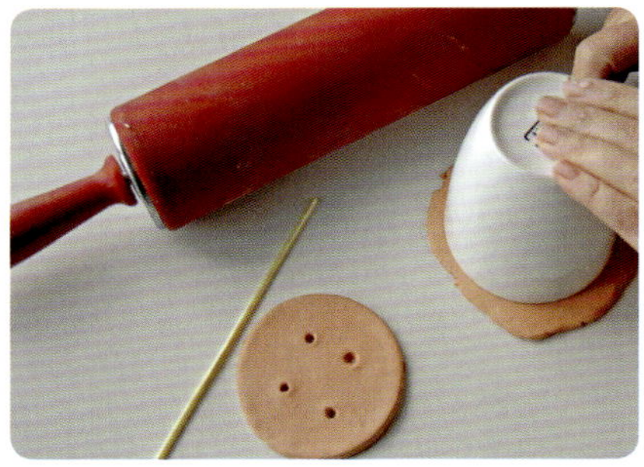

6 Stich aus 0,5 cm dicker ausgerollter Modelliermasse vier Schneeflocken aus. Auch hier mit dem Strohhalm jeweils ein Loch als Aufhängung einstechen. Das Fimo® Air muss jetzt mindestens einen Tag trocknen.

7 Zeichne auf einen Bauchkugelkarton seitlich, 10 cm vom oberen Rand entfernt mittig eine Markierung auf. Mit einem Cutter schneidest du nun einen kleinen Kreis auf jeder Seite aus dem Karton aus. Lass dir dabei unbedingt von einem Erwachsenen helfen. Dann kannst du den Ast durch die Öffnungen schieben, sodass er an beiden Seiten gleichlang herausschaut.

8 Sind deine Knöpfe getrocknet, teilst du die Paketschnur in vier gleichlange Teile und fädelst sie wie ein Kreuz durch die Knopföffnungen. Verknote sie auf der Rückseite. Dann etwas Strukturschnee auf die Knöpfe, Nase und Schneeflocken auftupfen und Glimmer einstreuen. Gut trocknen lassen.

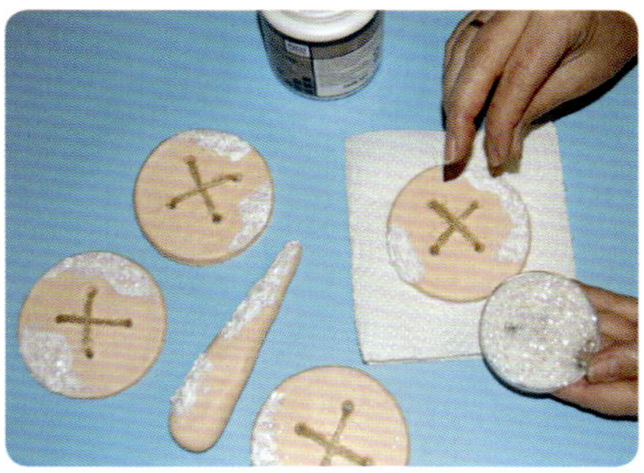

9 Mit der schwarzen und weißen Acrylfarbe malst du die Augen auf. Die Kugeln für den Mund malst du schwarz an.

10 Dein erwachsener Assistent klebt mit Heißkleber alle Fimo®Air-Teile an.

11 Klebe die große Laternenschachtel zusammen, bei der kleinen Laternenschachtel benötigst du die zwei einzelnen Teile. Male die Laternenschachteln mit der schwarzen Acrylfarbe an und lass alles gut trocknen.

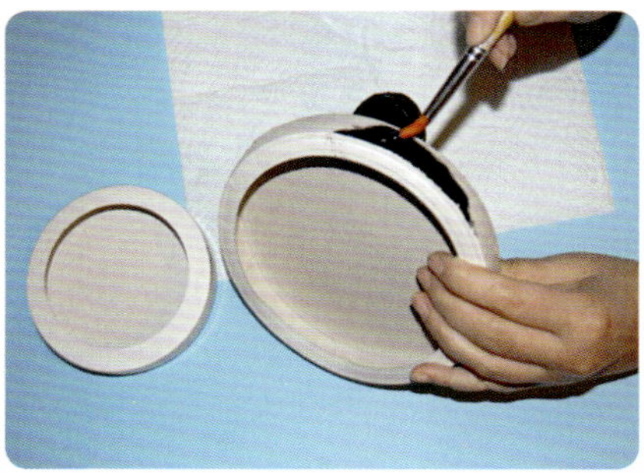

12 Schneide aus der schwarzen Wellpappe einen 2,5 cm breiten Rand und klebe ihn um die größere Laternenschachtel. Das Ende des Wellpappestreifens schneidest du passend mit der Schere ab. Für das obere Zylinderteil schneidest du ein Wellpappestück von 39 cm x 20 cm zu. Bringe auf den kleineren Laternenschachteln Alleskleber an und klebe sie oben und unten am Wellpappestück fest. Dann rollst du die Wellpappe um die Laternenschachteln und klebst die Enden fest. Klebe nun das obere und untere Zylinderteil zusammen. Die geschlossenen Seiten der Laternenschachteln sind jeweils oben.

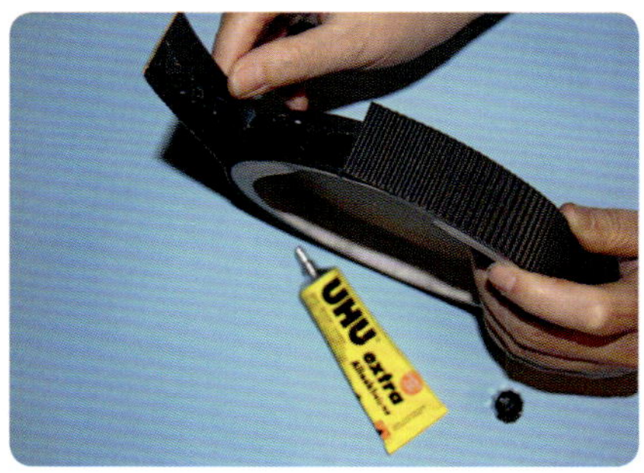

13 Teile das braune Chiffonband in vier Teile von je 20 cm, fädle sie durch die Schneeflocken und verknote die Bandenden. Dann kannst du die Schneeflocken an die Arme hängen.

Ho! Ho! Ho!

Salzteig-Weihnachtsmann

Das brauchst du

Schwierigkeit

●●●

- 1 Tasse Mehl
- 1 Tasse Salz
- 10 EL Wasser
- Nudelholz
- Zahnstocher
- Blech, Backpapier, Ofen
- Acrylfarbe in Rot, Weiß, Altrosa, Schwarz und Gold
- Borstenpinsel und Haarpinsel, fein
- selbstklebender Bildaufhänger

Vorlage Seite 120

1 Stelle zunächst einen Salzteig her: Mische das Mehl mit dem Salz und füge nach und nach das Wasser hinzu. Verknete alles gut mit deinen Händen. Wenn der Teig sehr weich ist, füge noch Mehl hinzu, ist er zu trocknen, knete noch ganz wenig Wasser ein.

2 Nun geht es los! Am besten ordnest du alle Teile für den Weihnachtsmann gleich auf einem mit Backpapier belegten Blech an: Teile ein Stück vom Teig ab und forme daraus eine etwa 5 cm große Kugel. Drücke sie platt und rolle sie zu einem Oval aus (11 cm x 8 cm).

3 Für die Mütze benötigst du eine 6 cm große Kugel. Drücke sie platt und forme ein langes Dreieck daraus, biege die obere Spitze dann vorsichtig nach unten, so wie es auf dem Foto zu sehen ist. Drücke mit dem Zahnstocher die Linie nochmal ein, damit man sie besser erkennen kann.

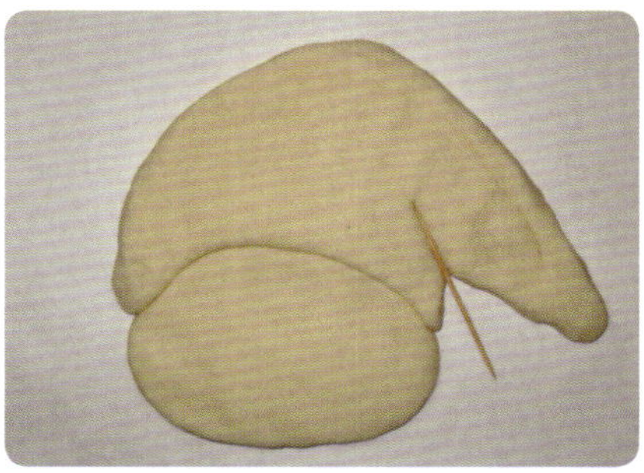

4 Forme nun aus einer 4 cm großen Kugel eine lange Rolle, drücke sie nur ganz vorsichtig etwas flacher und befestige sie als Hutkrempe am Weihnachtsmann.

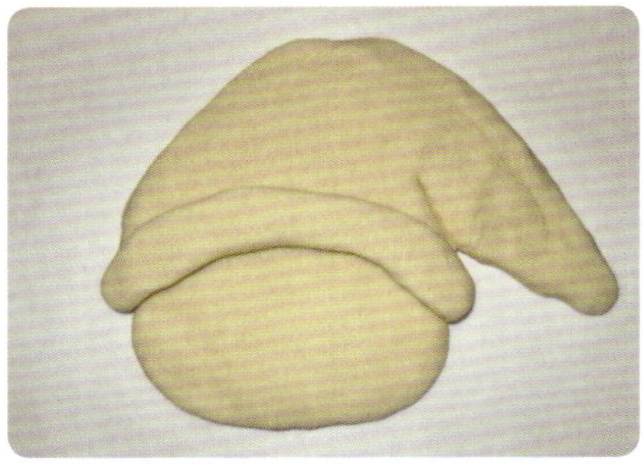

5 Den restlichen Teig teilst du in lauter 3 cm große Kugeln. Eine davon kannst du gleich als Bommel an der Mützenspitze befestigen.

6 Lege drei Kugeln beiseite. Aus dem Rest formst du zunächst ca. 18 kleine Schlangen, die du dann zu Schnecken aufrollst. Befestige diese als Bart rund um das Gesicht vom Weihnachtsmann.

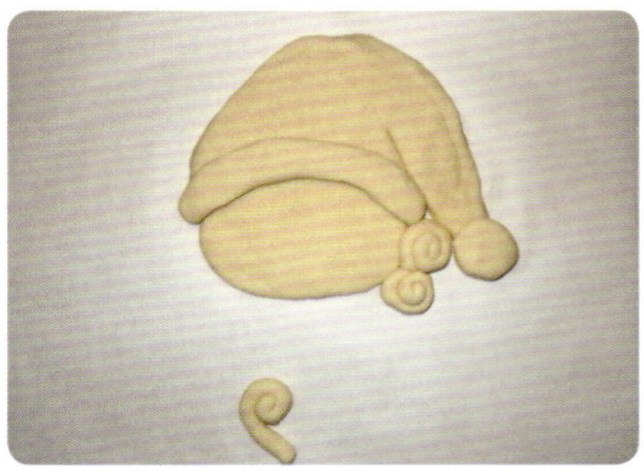

Tipp

Wenn du auch etwas Goldschimmer aufmalen willst, geht das so: Tauche einen Borstenpinsel nur ganz leicht in Goldfarbe und tupfe ihn an einem Küchenpapier erst etwas ab, bevor du den Weihnachtsmann damit bestreichst, es darf nur ganz wenig Farbe am Pinsel sein.

7 Er braucht natürlich auch noch eine Nase! Verwende eine der drei übrigen Kugeln dafür.

8 Forme nun noch zwei spitz zulaufende Ovale, die du als Schnauzer im Gesicht des Weihnachtsmanns platzierst.

9 Jetzt brauchst du einen erwachsenen Helfer: Heizt den Backofen auf 50 °C vor und schiebt das Backblech auf mittlerer Schiene hinein. Dreht nach einer Stunde die Temperatur auf 75 ° C hoch, nochmal drei Stunden später auf 100 ° C und nach einer weiteren Stunde auf 125 °C. Nach einer Stunde darf der Weihnachtsmann dann aus dem Ofen. Fertige Salzteigfiguren klingen hohl.

10 Nach dem Auskühlen kannst du dein Meisterwerk mit Acrylfarben bemalen.

11 Auf der Rückseite noch den Aufhänger befestigen und ab geht's zum Dekorieren!

Eule to go

flotte Fimo®-Brosche

Das brauchst du

Schwierigkeit ●●●

* Fimo® in Blau, Vanille oder Pfirsich
* Broschennadel mit Sicherheitsverschluss, 3 cm lang
* 2 Strasssteinchen in Blau oder Grün, ø 0,5 cm
* Blech, Backpapier, Ofen
* Modellierwerkzeug (alternativ Zahnstocher, Kronkorken und Gabel)
* UHU Alleskleber Kraft

1 Schneide vom Fimo®-Block zwei Rippen ab und knete sie zwischen deinen Händen weich.

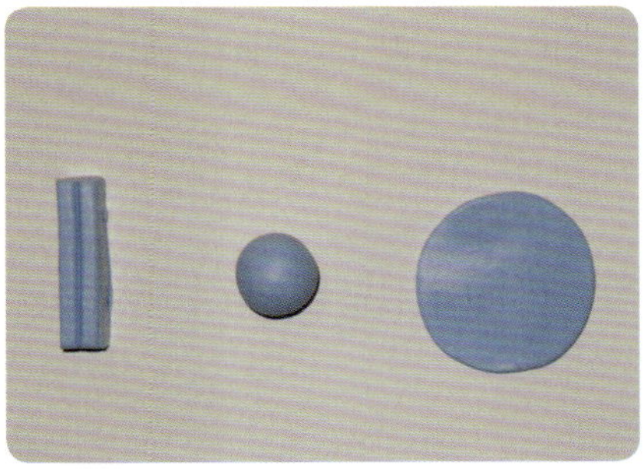

2 Forme eine Kugel daraus und rolle diese ganz rund aus. Die Scheibe sollte etwa 0,4 cm dick sein.

3 Verziere die Scheibe mithilfe deines Modellierwerkzeugs, also den Gegenständen, die du dir ausgesucht hast.

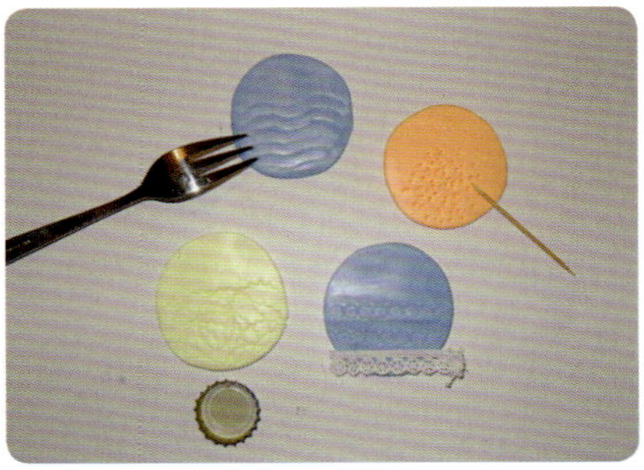

4 Klappe ganz vorsichtig links und rechts die Ränder des Kreises bis fast zur Mitte und drücke sie fest.

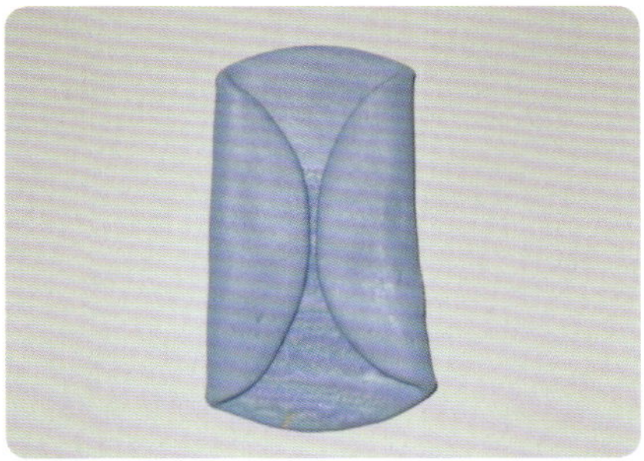

5 Biege das obere Drittel nach unten, sodass der Kopf der Eule entsteht. Drücke ihn fest.

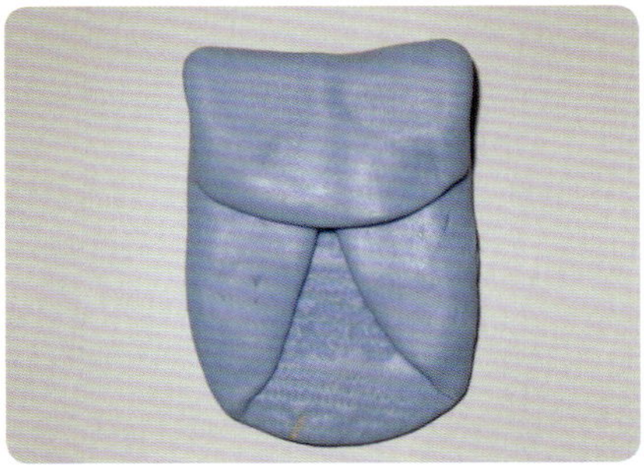

6 Delle den Kopf oben in der Mitte etwas ein und lass die Enden spitz zulaufen, so wie du es auf dem Bild sehen kannst.

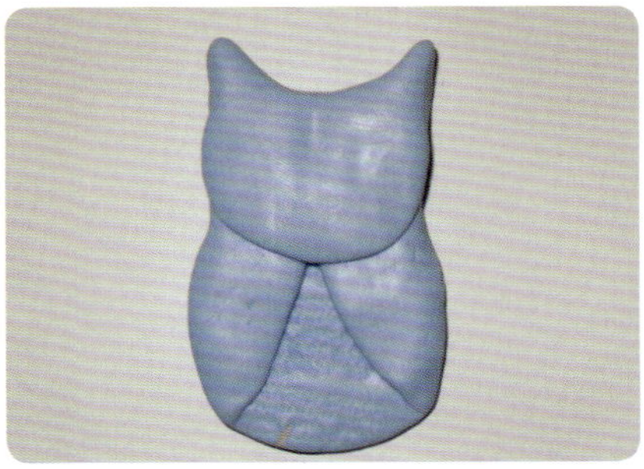

7 Drücke mit einem Zahnstocher den Schnabel ein und mit einem Filzstiftdeckel die Augen. Lege auch die Strasssteine auf und drücke sie leicht ein, nimm sie aber vor dem Brennen im Ofen unbedingt nochmal heraus!

8 Härte die Eule nun nach Herstellerangaben im Ofen. Dazu benötigst du einen erwachsenen Assistenten.

9 Klebe nach dem Auskühlen die Glitzeraugen und die Broschennadel auf. Fertig ist das perfekte Geschenk für alle Fashion-Queens!

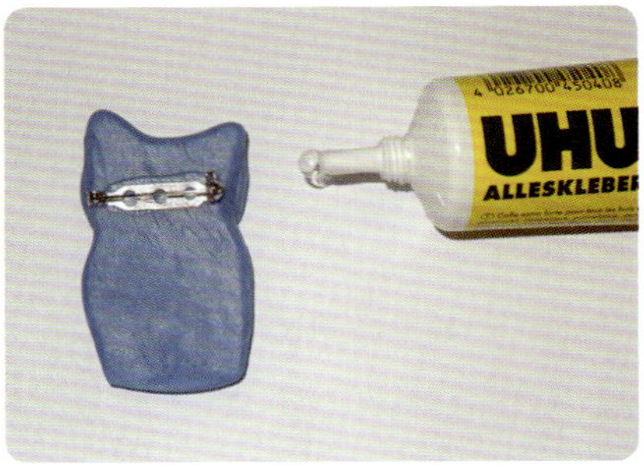

Zum Anbeißen!

Anhänger aus Pluffy®-Knete

Das brauchst du

Schwierigkeit ●●●

- 2 Päckchen Pluffy® in Braun
- 3D Liner in Weiß
- Strohhalm
- Nudelholz
- Modelliermesser
- Schleifenband in Pink-Weiß kariert, 0,8 cm breit, 140 cm lang
- ggf. Liebesperlen in Silber
- Backblech, Backpapier, Ofen

Vorlage Seite 121

Tipp

Das sind tolle Geschenkanhänger oder haltbarer Baumschmuck! Mit den wetterfesten kleinen „Lebkuchen" lassen sich prima der Eingangsbereich, das Balkongeländer oder der Gartenzaun weihnachtlich schmücken.

1 Stelle dir von der Vorlagenzeichnung Schablonen aus Papier oder dünnem Karton her. Alternativ kannst du Keksausstecher verwenden.

2 Rolle die Pluffymasse auf Backpapier 0,5 cm dick aus.

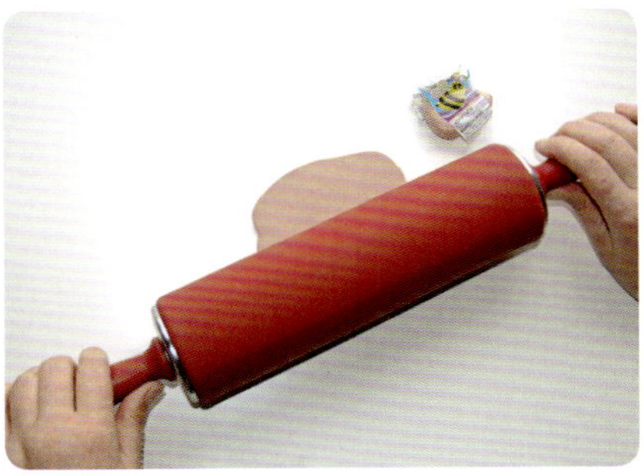

3 Lege die Schablonen auf die Knetmasse und umfahre mit einem Modelliermesser die Ränder. Streiche die Ränder deiner Pluffyanhänger vorsichtig mit dem Finger nach, damit sie schön glatt sind.

4 Mit einem Strohhalm stichst du in die Motive oben mittig ein Loch.

5 Dein erwachsener Assistent backt die „Lebkuchen" 20 Minuten bei 130 °C. Ist alles gut ausgekühlt, nimmst du die Motive vom Blech.

6 Verziere die „Lebkuchen" wie auf der Vorlage mit 3D Liner als Zuckerguss. Wenn du magst, kannst du noch echte silberne Liebesperlen aufsetzen! Lass alles gut trocknen.

7 Teile das Aufhängeband in sieben Teile von je 20 cm und ziehe das Band durch die Aufhängelöcher. Verknote die Bandenden.

Christbaum-Eulen

Kugeln mit Modelliermasse-Vögeln

Das brauchst du

Schwierigkeit ●●○

- 3 blaue Glaskugeln, ø 4,5 cm
- Fimo® soft in Weiß, Schwarz, Orange, Blau, Hellgrün und Flieder
- Dekoschnee, ca. 1 kleines Glas
- kleiner Trichter
- Knetmesser

1 Entferne zunächst die Aufhängungen der Kugeln und bewahre sie gut auf.

2 Dann formst du aus Fimo® soft für jede Eule: zwei Kugeln in Flieder, Blau oder Hellgrün, ø 1,3 cm (Augen außen), eine Kugel in Orange, ø 1,3 cm (Schnabel), zwei Kugeln in Weiß, ø 1,0 cm (Augen innen), zwei Kugeln in Schwarz, ø 0,5 cm (Pupillen), drei Kugeln in Flieder, Blau oder Hellgrün, ø 1 cm (für die „Ohren“ und den Streifen am Bauch) sowie eine Kugel in Weiß, ø 2 cm (Bauch).

3 Drücke die weiße Kugel für den Bauch mit den Fingern flach, sodass ein Kreis entsteht.

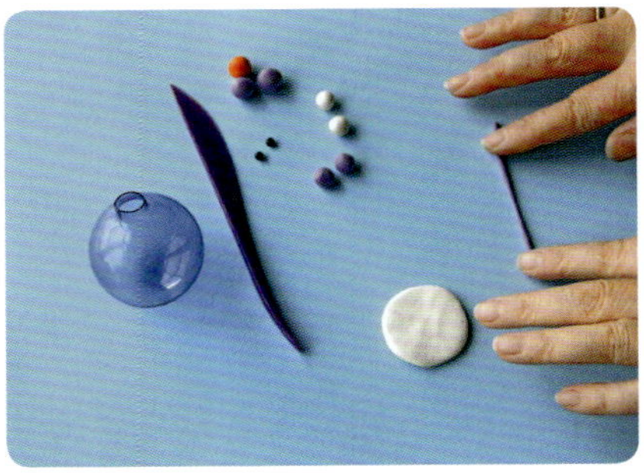

4 Jetzt nimmst du eine der 1 cm-Kugeln in Flieder, Hellgrün oder Blau und formst daraus eine lange Rolle. Teile sie in zwei Stücke und lege die Rollenstücke nebeneinander auf den Bauch. Drücke sie vorsichtig mit den Fingern fest und schneide sie auf der Seite mit dem Knetmesser passend ab.

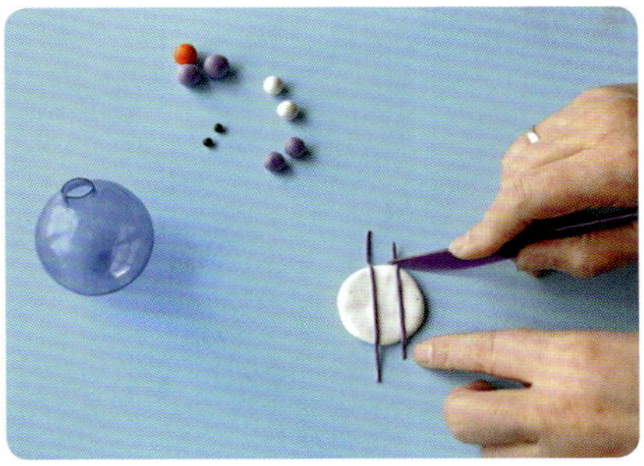

5 Forme aus den fliederfarbenen, hellgrünen oder blauen Kugeln (ø 1,3 cm) die äußeren Augen, indem du sie etwas oval rollst und dann mit den Fingern flach drückst. Setze sie oben am Bauch nebeneinander an. Genauso formst du die weißen Kugeln für die inneren Augen oval und setzt sie auf. Dann noch die kleinen schwarzen Kugeln als Pupillen auf die Augen setzen und festdrücken.

6 Forme nun aus der orangefarbenen Kugel einen dreieckigen Schnabel. Aus den zwei übrigen Kugeln formst du ebenfalls kleine Dreiecke und setzt sie am Kopf als „Ohren“ an.

7 Jetzt drückst du die Eule vorsichtig auf deiner Glaskugel fest. Im Backofen bei 110 C° werden deine Eulenkugeln von einem erwachsenen Assistenten 30 Minuten gebacken. Alles gut auskühlen lassen.

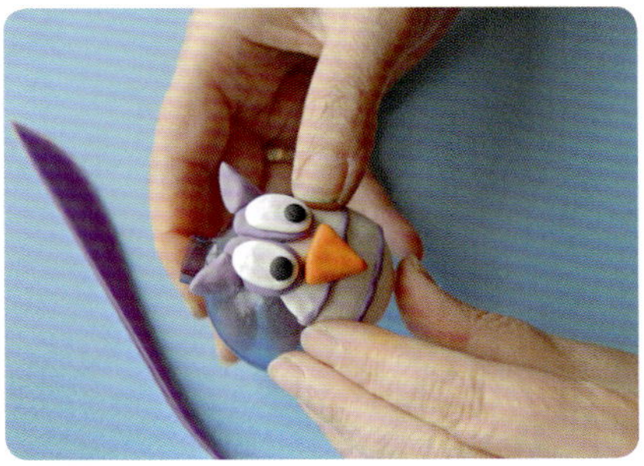

8 Dann mit einem kleinen Trichter den Dekoschnee in die Kugeln füllen, bis diese zu zwei Dritteln damit gefüllt ist. Jetzt kannst du die Aufhängungen wieder an den Kugeln anbringen.

Gewusst?

Die „Ohren“ einer Eule sind eigentlich ihre Augenbrauen. Nicht alle Eulenarten haben diese lustigen Federbüschel. Entdecken kannst du sie beispielsweise bei Waldohreulen und Uhus.

Mr. Saubermann

Knetseife-Geschenke

Das brauchst du

Schwierigkeit
●○○

* Knetseife in Grün, Gelb und Rot, je 35 g
* Knet- oder Plastikmesser

1 Schneide von jedem Knetseifenquadrat an zwei nebeneinanderliegenden Seiten je 0,5 cm ab, sodass du für die Verzierungen Knete übrig hast.

2 Knete die abgeschnittene Knetseife in deinen Händen, damit sie sich gut formen lässt. Dann rollst du eine Schlange 0,5 cm dick aus. Bringe sie über Kreuz um das Päckchen herum an. Die überstehenden Enden schneidest du seitlich an dem Päckchen bündig ab.

3 Forme aus dem Rest der Schlange eine Schleife, drücke in die Schleifenmitte einen kleinen Punkt und setze sie oben auf das Päckchen.

4 Dann formst du aus den Knetresten weitere kleine Punkte und bringst sie an. Mit diesem Geschenk kann man sich die Hände waschen und selbst das Bad ist weihnachtlich dekoriert!

Wolliges
Weihnachts-
basteln

Basteln mit Textilien

Das solltest du darüber wissen

Schneiden

So kannst du ganz schnell einen Schal für deinen Schneemann zaubern: Stoff kann man oft gut reißen. Willst du jedoch exakt schneiden, verwendest du am besten eine spezielle Stoffschere. Mit einer Zickzackschere geschnitten, franst Stoff nicht so schnell aus.

Kleben

Textilkleber ersetzt bei ersten Modellen das Heften oder Nähen. Besonders empfehlenswert ist UHU creativ für Bänder.

Sticken

Stickanleitung

Beim Sticken geht man für alle Stiche immer von einem Stickfeld mit vier Löchern aus. Guckst du auf deinen Aidastoff, handelt es sich um ein Kreuz, das jeweils mit vier Löchern umgeben ist. Auf der Stickvorlage wird deshalb nicht jedes Loch markiert, sondern immer ein Feld bzw. Kreuz. Ein ausgemaltes Kästchen steht für einen Kreuzstich. Gerade Linien markieren den Steppstich.

Heftstich
Stelle dir eine Linie vor. Auf dieser Linie stichst du aus und ein Stückchen weiter wieder ein. Wiederhole diesen Vorgang in gleichmäßigen Abständen.

Stiel- oder Steppstich
Der Stepp- oder Stielstich ist ein langer gerader Stich, der gut geeignet ist, um Umrisse zu sticken. Stecke die Nadel von unten durch dein erstes Loch und steche dann wieder an der gewünschten Stelle von oben ein. Die Nadel ist jetzt unter deinem Stoff. Möchtest du den Stich in gerader Linie fortsetzen, musst du nun die Nadel ein paar Felder weiter wieder nach oben führen und dann von oben wieder dort einstechen, wo dein letzter Stich endete. Für eine lange gerade Linie wiederholst du diesen Stich in gleichmäßigen Abständen immer wieder. Wenn du keine Linie sticken willst, kannst du auch einfach in das nächste Loch einstechen und dann oben wieder „vorwärts" sticken. Achte aber darauf, dass die Stiche nicht zu weit von einander entfernt liegen, da ein langer Faden auf der Rückseite, wenn du ihn straff ziehst, den Stoff rafft oder wenn du ihn zu locker lässt, er sich mit anderen Fäden verknotet. Außerdem schimmert er immer etwas durch den Aidastoff durch, auch wenn er sich auf der Rückseite befindet.

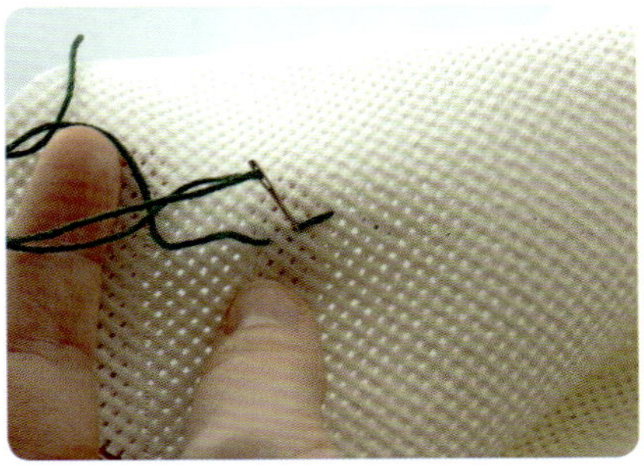

Saumstich
Stich mit deiner Nadel von unten nach oben durch, führe Nadel und Faden wieder nach unten und steche seitlich versetzt wieder nach oben durch.

Kreuzstich
Für den Kreuzstich stichst du mit der Nadel von unten durch das linke untere Loch eines Kreuzes und führst den Faden dann von oben durch das obere rechte Loch. Nun führst du die Nadel von unten durch das untere linke Loch und stichst anschließend oben links ein. Der erste Kreuzstich ist geschafft. Musst du mehrere Kreuzstiche in einer Reihe nebeneinander setzen, kannst du auch erst alle nötigen Schrägen von unten links nach oben rechts sticken (Hinreihe) und zurück nur noch die Schrägen von unten rechts nach oben links (Rückreihe). So wird dein Muster schön gleichmäßig.

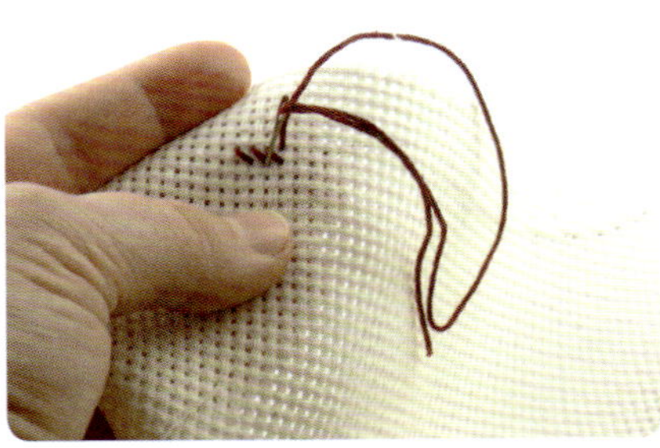

Filzen
Du kannst Bastelfilz verwenden oder selbst Wolle verfilzen. Das geht so:

Nadelfilzen
Lege trockene Filzwolle auf eine Schaumstoffunterlage und bearbeite sie vorsichtig mit einer Filznadel. Durch das Nadelpiken werden die Wollhärchen miteinander verfilzt und sehr fest. Wenn du die Wolle beispielsweise in ein Backförmchen stopfst, hast du ganz schnell eine hübsche Form. Löse die Filzwolle immer wieder von der Unterlage und wende sie. Arbeite langsam und konzentriert, damit du dich nicht stichst.

Nassfilzen
Filzwolle kann man in warmem Seifenwasser zu einem stabilen Gewebe verfilzen. Lege dazu trockene Wollflocken dachziegelartig aufeinander. Besprühe die Wollfläche mit warmem Seifenwasser. Reibe sie erst sanft, dann immer fester. Ist dein Filzobjekt so, wie du es dir vorstellst, walkst du es noch: Du legst es in ein Handtuch und knetest es so hart du kannst. Dabei schrumpft es etwas. Dann wäschst du die Seifenlauge heraus und lässt deine Filzkunst trocknen.

Weihnachtsschmuck

Paracord trifft Fimo®

Das brauchst du

Schwierigkeit ●●●

- Paracord (Zeltschnur) in Neongrün und Neonpink, ø 5 mm, 1 m lang
- Fimo® in Rot, Lila, Grün und Braun
- Keksausstecher „Stern“ oder „Lebkuchenmann“, ø ca. 3 cm
- Aluminiumdraht, ø 1 mm und 5 cm lang
- Metallschließe, ø 14 mm
- Lackmalstift in Weiß
- Feuerzeug

1 Lege das Paracordband doppelt. Nimm die entstandene Schlaufe und fädle sie durch die Öse eines Verschlussteils. Ziehe dann den Rest des Fadens durch die Schlaufe, sodass ein Knoten entsteht. Führe beide Enden des Paracords durch die Öse des anderen Verschlussteils. Überprüfe, ob dein Armband jetzt genau wie auf dem Bild vor dir liegt und die Verschlussteile aneinander passen. Der Abstand zwischen den beiden sollte ca. 14 cm betragen, du kannst aber auch noch einmal direkt an deinem Handgelenk messen, wie lang dein Armband sein muss.

2 Führe das linke Band unter dem Doppelstrang hindurch und über das rechte hinweg.

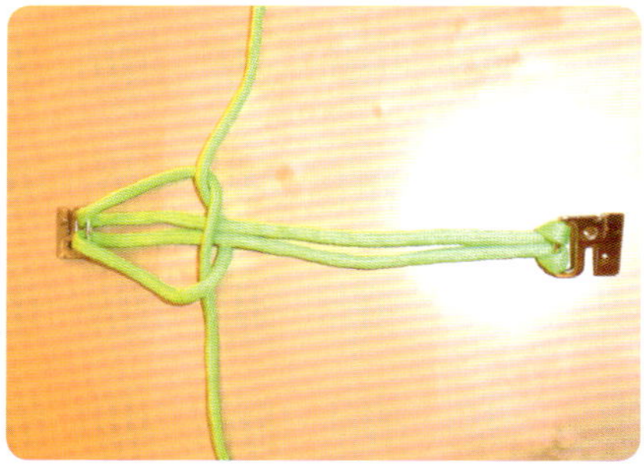

3 Dann nimmst du das rechte Ende und ziehst es unter dem linken entlang, über den Doppelstrang hinüber, von oben durch die links entstandene Schlaufe. Alles festziehen.

4 Beim zweiten Knoten verfährst du genau umgekehrt. Fädle das rechte Band unter dem Doppelstrang hindurch und über das linke hinweg.

5 Anschließend nimmst du das linke Ende und führst es über den Doppelstrang von oben in die rechte Schlaufe. Wieder alles festziehen.

6 Auf diese Weise knotest du immer abwechselnd den ganzen Strang entlang bis du unten angekommen bist. Schneide dann die Enden kurz ab und lass sie dir von einem Erwachsenen kurz in eine Flamme halten, damit sie sich nicht aufdröseln können.

7 Dein Armband ist jetzt fertig. Fehlt nur noch der Anhänger. Knete das Fimo® eine Weile bis es schön weich ist und drücke es dann flach auf eine Tischplatte. Stanze mit dem Ausstecher deine Form aus und verziere sie noch mit kleinen Kügelchen in einer anderen Farbe. Bohre mit einem Schaschlikspieß oben ein Loch in deine Form und lass sie dann von einem Erwachsenen im Ofen nach Herstellerangaben härten.

8 Ist dein Anhänger abgekühlt, kannst du ihn mit einem weißen Lackmalstift bemalen. Fädle den Draht durch das Loch in der Form und biege ihn zu einer Öse. Jetzt muss dein Anhänger nur noch an deinem Armband befestigt werden und das Weihnachtsfest kann kommen!

Tipp

Cool sind auch schwarze oder nachtleuchtende Fimo®-Sterne als Charm an deinem Paracordband.

Gewusst?

Paracord wird als Zeltschnur oder im Fallschirmsport verwendet – ist also ein total cooles Outdoormaterial. Knüpfe damit doch beispielsweise eurem Hund ein cooles Halsband!

Advent, Advent …

erstes Stickbild

Das brauchst du

Schwierigkeit

●●●

* Stickrahmen, ø 14 cm
* Aidastoff, grob, 16 cm x 16 cm
* Stickgarn in Dunkelgrün, Dunkelrot, Gelb und Orange
* Sticknadel (stumpfe Spitze, großes Öhr)

Vorlage Seite 122

Tipp

Falls dein Faden zu kurz sein sollte, lass die letzten 10 cm hängen und fädle einfach einen neuen Faden ein. Es ist immer besser, wenn der Faden beim Sticken nicht zu lang ist, denn dann kann er sich auch nicht so leicht verknoten.

1 Spanne zuerst deinen Aidastoff in den Stickrahmen ein. Schneide all den Stoff, der mehr als 3 cm übersteht mit einer Stoffschere ab. Er würde dich sonst nur beim Sticken stören.

2 Dann kann es losgehen. Orientiere dich für die folgenden Schritte unbedingt an der Vorlage auf Seite 122, jedes Kästchen steht für ein Quadrat aus vier Löchern auf deinem Stoff. Du beginnst dein Bild mit der Kerze und arbeitest sie von oben nach unten. Sticke mit dunkelrotem Garn 19 Reihen je vier Kreuzstich-Stiche und arbeite dann unten noch drei sich verjüngende Reihen wie angegeben. Schneide deinen Faden am Ende auf 10 cm Länge ab. Der Kreuzstich wird in der allgemeinen Anleitung auf Seite 61 genau erklärt.

3 Fädle nun das dunkelgrüne Garn ein und sticke den Tannenzweig mit einem Stielstich. Du stickst immer zuerst den Ast (Stielstich quer über zwei Quadrate) und fertigst dann die großen Nadeln (Stielstich über zwei Felder gerade nach oben und nach schräg unten). Erst wenn du den ganzen Ast geschafft hast, stickst du auf dem „Rückweg" die kleinen Nadeln (einen Stielstich gerade nach oben über ein Quadrat und einen Stielstich schräg nach unten über zwei Quadrate). Den abzweigenden Ast stickst du erst ganz zum Schluss. Der Stielstich wird ebenfalls in der allgemeinen Anleitung auf Seite 61 genau erklärt.

4 Sticke mit einem Stielstich in Gelb und Orange noch die Flamme der Kerze und vernähe zum Abschluss alle Fäden. Nun kannst du dein Kunstwerk aufhängen. Dazu kannst du es im Stickrahmen belassen oder in eine Weihnachtskarte mit Passepartout einkleben.

Tante-Emma-Laden

nassfilzen für den Kaufladen

Das brauchst du

Schwierigkeit
●●○

* Filzwolle in Rot (Kirschen), 8 g
* Filzwolle in Grün, 10 g und Braun, 2 g
* Filzwolle in Orange, 12 g und Grün, 1 g (Orange)
* Filzwolle in Gelb (Zitrone), 8 g
* Kordel in Hellgrün, ø 0,3 cm, 15 cm lang
* Filznadel mit Halterung
* Unterlage
* Kernseife
* warmes Wasser, Eimer
* Unterlage (z. B. Luftpolsterfolie)
* Handtuch
* ggf. Heißkleber

Apfel

1 Lege deine Arbeitsfläche mit Luftpolsterfolie aus. Jetzt legst du die Kernseife für ca. 10 Minuten in einen mit handwarmem Wasser gefüllten Eimer. Die Filzwolle zupfst du in kleinen Teilen aus dem Wollstrang und formst mit trockenen Händen eine Kugel. Feuchte die Kugel an, indem du deine Hände ins Wasser hältst und dann die Kugel zwischen deinen Handflächen rollst.

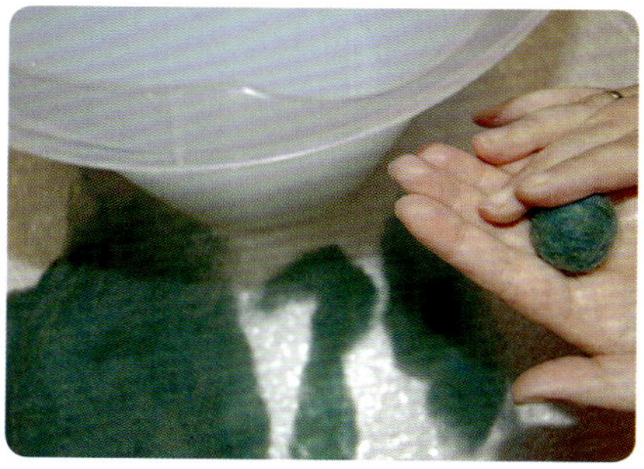

2 Reibe die Kugel nicht zu fest und setze immer wieder neue Wollfasern außen an. Zwischendurch tauchst du deine Hände in das warme Wasser und rollst die Kugel weiter bis sie die gewünschte Größe erreicht hat und die Wollfasern sich verbunden haben.

3 Die Kugel schrumpft um ein Drittel ihrer ursprünglichen Größe. Deshalb die Kugel lieber etwas größer filzen. Jetzt kannst du etwas mehr Druck ausüben und die Kugel auf der Luftpolsterfolie rollen, so wird sie fester.

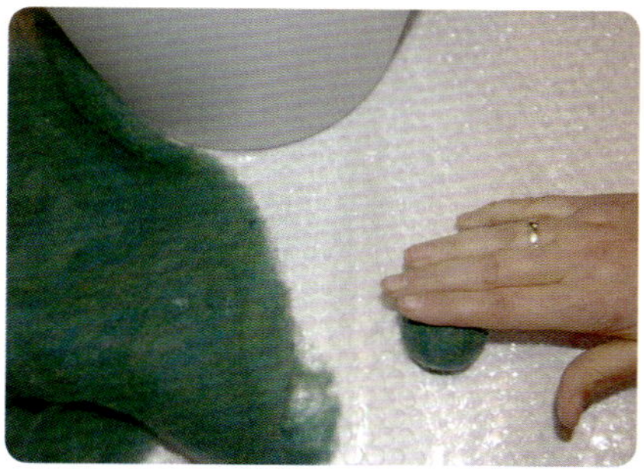

4 Ist der Filzball fertig, wäschst du ihn mit klarem Wasser aus und lässt ihn in einem warmen Raum trocknen.

5 Für den Apfel kannst du zusätzlich einen braunen Stiel filzen: Lege ein Stück Filzwolle auf die Luftpolsterfolie und rolle mit deinen Händen, die du zuvor in Seifenwasser getaucht hast, eine Rolle, bis diese sehr fest ist. Auch hier kannst du Filzwolle ansetzen, wenn du die Schnur dicker haben möchtest.

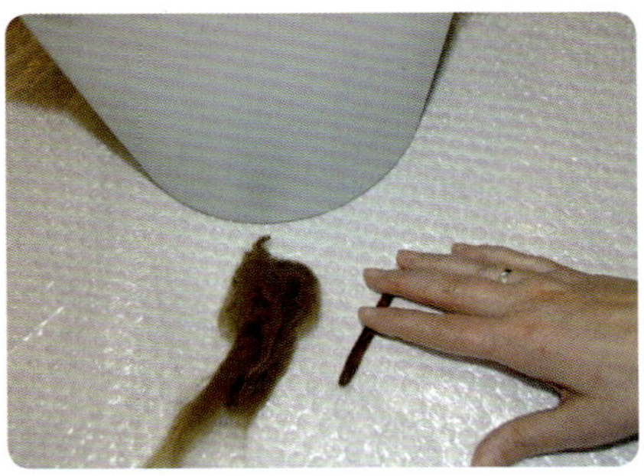

6 Ist die Schnur trocken, filzt du sie mit der Filznadel am Apfel an. Eine Orange geht ebenso. Statt eines Stiels erhält sie einen kleinen grünen Punkt.

Kirschen

1 Arbeite die Kirschen wie den Apfel. Zusätzlich benötigst du 15 cm grüne Kordel, die du an den Enden verknotest und mit Heißkleber (anstelle des Apfelstiels) an den Kirschen befestigst. Bitte lass dir dabei von einem Erwachsenen helfen.

Zitrone

1 Die Zitrone wird wie eine Apfel-Kugel hergestellt. An beiden Enden immer wieder Stücke Filzwolle ansetzen und zwischen den Händen rollen, sodass auf beiden Seiten die spitz zulaufende Form der Zitrone entsteht. Welches Obst kennst du noch? Filze es!

Geheimer Lesestoff

Buchhülle nähen

Das brauchst du

Schwierigkeit
●●●

* Bastelfilz in Grün, 3 mm stark, 30 cm x 60 cm
* Bastelfilzreste in Weiß und Rot
* dünne Wolle in Rot, ø 0,1 cm, 3 m lang
* Nähnadel, mittlere Stärke
* 10 Büroklammern
* Knopf „Blume" in Grau, ø 2 cm, Blumenform
* Schleifenband in Rot-Weiß kariert, 0,8 cm breit, 26 cm lang
* Schneiderkreide in Weiß
* Lineal
* UHU textil

Vorlage Seite 124

1 Lege dein Lieblingsbuch aufgeklappt auf den grünen Filz und zeichne dir eine Linie mit Schneiderkreide um das Buch herum an. Dann gibst du oben und unten an den längeren Filzseiten jeweils 1 cm und seitlich zum Umklappen des Umschlags jeweils 10 cm zu. Zeichne auch diese Linien mit Schneiderkreide und einem Lineal auf. Dann schneidest du den Filz entlang der äußeren Linien aus.

2 Klappe den Umschlag mittig zusammen, sodass das vordere und rückwärtige Umschlagteil deckungsgleich aufeinander liegen. Lege das zusammengeklappte Buch mittig in die Knickkante und schlage von beiden Seiten den Filz nach innen um. Jetzt befestigst du die äußeren und inneren Umschlagklappen mit Büroklammern aneinander. Nimm das Buch aus dem Umschlag heraus.

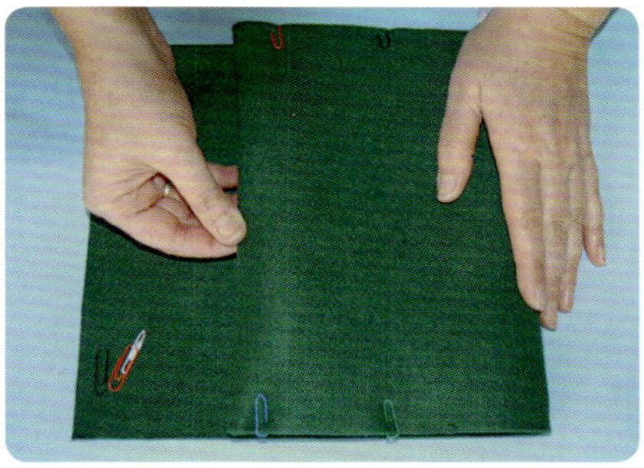

3 Zieh den roten Faden durch die Nadel und durchsteche oben den Anfang der Umschlagklappe. Verknote den Faden zweimal. Das kürzere Ende schneidest du mit der Schere ab, mit dem längeren Faden umnähst du die Buchhülle: Für den Schlingstich stichst du 0,5 cm vom Rand und vom Knoten entfernt von oben nach unten durch den Filz. Jetzt ziehst du den Faden durch, aber noch nicht ganz fest, eine kleine Schlinge bleibt stehen.

4 Führe den Faden nochmals von oben durch die Schlinge und ziehe sie fest. Umnähe so die ganze Umschlagseite, bis du am Ende angekommen bist, dieses verknotest du und schneidest den Faden ab. Die untere Seite der Buchhülle fertigst du genauso an.

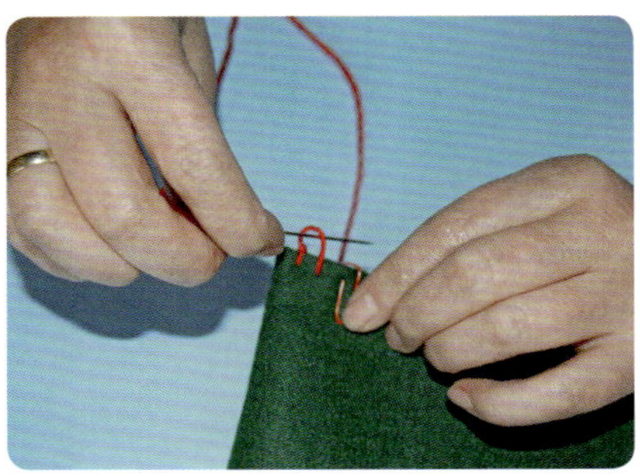

5 Übertrage die Vorlagenzeichnungen der Zuckerstangen auf weißen und roten Bastelfilz. Schneide sie aus. Anschließend klebst du sie zusammen und dann auf die Buchhülle. Aus dem rot-weiß-karierten Band bindest du eine Schleife und klebst diese auf die Stelle, an der sich die Zuckerstangen kreuzen.

6 Jetzt kannst du den Knopf mit rotem Faden aufnähen.

Schneeflöckchen

Mütze aufpeppen per Brosche

Das brauchst du

Schwierigkeit ●○○

* Kopierpapier in Weiß, 5 cm x 5 cm
* Filzreste in Hellblau, Türkis und Weiß
* Strassstein in Weiß oder Blau, ø 0,5 cm
* Glitzerfarbe in Weiß oder Blau
* ggf. Rüschenband in Dunkelblau, 16 cm lang
* ggf. Glitzerschneeflocke in Weiß, ø 2,5 cm
* Broschennadeln mit Sicherheitsverschluss, 3 cm lang
* Schere und Zackenschere
* UHU textil

Vorlage Seite 123

1 Falte das Kopierpapier mittig zusammen, das entstandene Rechteck nochmals mittig und das Ganze dann diagonal. Aus dem entstandenen Dreieck schneidest du kleine Ecken und Rundungen heraus. Falte es wieder auseinander, du hast eine Schneeflocke hergestellt.

2 Übertrage die Schneeflocke auf weißen Filz und schneide das Muster aus.

3 Klebe die Filzflocke auf den hellblauen Filz und schneide diesen dann mit der Zackenschere rund zu.

4 Fixiere den neuen Kreis auf dem türkisfarbenen Filz und schneide auch diesen rund mit einem kleinen Rand aus.

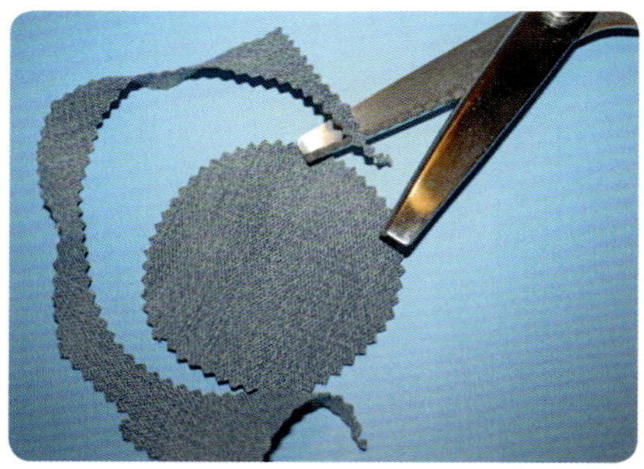

5 Verziere den Anstecker mit Glitzerfarben und lass sie gut trocknen. Bringe dann den Strassstein an.

6 Variantenreich: Für die anderen Broschen benötigst du jeweils zwei Filzkreise (4,5 und 3,5 cm, sowie 3,5 und 2,5 cm Durchmesser). Klebe sie aufeinander und verziere sie mit Glitzerfarben oder einer Schneeflocke. Du kannst auch Rüschenband rund um die Brosche kleben.

7 Befestige die Broschennadeln auf der jeweiligen Rückseite. Du kannst nicht nur deine Mütze winterlich verschönern, sondern auch deinen Pulli, deinen Schal oder deine Tasche!

Kuschelwarmer Loopschal

mit den Fingern gestrickt

Das brauchst du

Schwierigkeit

* Avelita Wolle (Schachenmayr) in Dunkelblau oder Dunkelrot, 50 g (Lauflänge ca. 40 m)

1 Binde den Anfang deines Wollfadens zu einer ca. 3 cm großen Schlaufe. Lege diese Schlaufe über deinen Daumen und führe dann den Faden hinten um den Zeigefinger herum, vorn über den Mittelfinger, hinten um den Ringfinger und vorn über den kleinen Finger. Dann fädelst du den Faden um den kleinen Finger herum nach hinten, über den Ringfinger nach vorne, hinter dem Mittelfinger entlang und über den Zeigefinger hinweg. Um jeden Finger muss jetzt eine Schlaufe liegen.

2 Ist das geschafft, legst du den Faden nach hinten um die komplette Hand herum und wieder nach vorn über die komplette

Handfläche hinweg. Der Faden sollte über deinen Fingerschlaufen liegen. Nun ziehst du Finger für Finger die einzelnen Schlaufen von vorn (Handfläche) über den Faden hinweg nach hinten (Handrücken). Du streifst die Schlaufen also von deinen Fingern. Zum Stricken benutzt du nur Zeigefinger bis kleiner Finger, der Daumen wird immer ausgelassen.

3 Hast du so deine erste Reihe geschafft, führst du den Faden vom Zeigefinger wieder nach hinten und dann nach vorn und wiederholst Schritt 2 und 3 bis dein Wollfaden fast aufgebraucht ist. Die Daumenschlaufe lässt du nach den ersten zwei Reihen fallen und nutzt sie dann, um immer wieder zwischendurch an deinem Strickwerk zu ziehen, um so die Schlaufen zu straffen.

4 Bist du am Ende deines Fadens angekommen, führst du ihn ein letztes Mal von hinten nach vorn, ziehst dann den Faden einzeln von oben durch die Fingerschlaufen hindurch und nimmst sie anschließend vom Finger. Wieder alles festziehen.

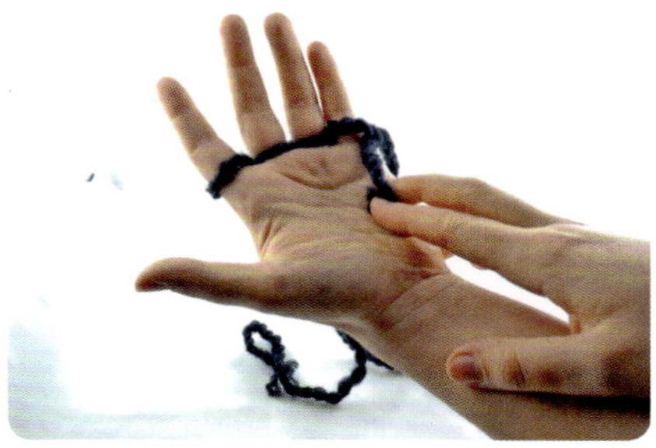

5 Um aus deinem Schal einen Loop zu machen, musst du jetzt nur noch die Fadenenden mehrmals miteinander verknoten und dann abschneiden. Tadaaa! Der Winter kann kommen.

Wolliger Weihnachtsbaum

Wolle wickeln

Das brauchst du

Schwierigkeit
●●●

* Styropor®-Kegel, ø 7 cm, 13 cm hoch
* Stickgarn in Grün, ø 0,1 cm, 25 m lang
* 11 Pompons in Rot, ø 1 cm (alternativ in Rosa, Weiß, Rot, Lila, Orange, Gelb, Grün, Hell- und Dunkelblau)
* UHU Alleskleber Kraft

1 Streiche den Kegel 2 cm hoch mit Alleskleber ein. Dann wickelst du den grünen Faden um die mit Kleber bestrichene Fläche.

2 Streiche das nächste 2 cm hohe Feld rund um den Kegel mit Klebstoff ein. Umwickle auch dieses mit der grünen Wolle. Fahre so lange fort, bis du an der Spitze des Kegels angekommen bist. Schneide das Fadenende mit der Schere ab.

3 Lass den Kegel mit der Wolle gut trocknen. Dann klebst du die bunten Pompons rund um den Baum und an der Baumspitze fest.

Puppenstuben-Gemütlichkeit

gewebte Teppiche

Das brauchst du

Schwierigkeit ●●●

- Webrahmen für Kinder, rechteckig, 15 cm x 25 cm
- Sternzwirn in Weiß, 3 m lang
- Wolle in Hellblau, Blau und Weiß, je ca. ¼ Knäuel
- Stopfnadel
- Schere

1 Befestige das Ende des Zwirns am Webrahmen und führe ihn zum anderen Ende und von dort wieder zurück, bis du alle Fäden gespannt hast. Verknote das Ende an der letzten Einkerbung.

2 Schneide ein etwa 2 m langes Stück Wolle ab und fädle ein Ende durch das Nadelöhr.

3 Webe nun den Wollfaden durch die Zwirnfäden: abwechselnd oben und dann unten durchführen. Am Ende wird „gewendet“, sodass die Fäden, die vorher oben waren, jetzt unten sind und umgekehrt. Achte darauf, dass der Faden am Anfang lang genug zum anschließenden Vernähen ist. 10 cm sollten reichen.

4 Wenn du den Faden verwebt hast, oder dir die Breite des Farbstreifens genügt, wechselst du die Farbe einfach. Schneide die Wolle nicht zu kurz ab, damit du sie noch vernähen kannst. Ziehe dazu mit einer Hand das Fadenende auf der Rückenseite durch einige Webfäden und schneide es ab. Dann legst du einfach einen neuen Faden ein und webst weiter.

5 Ist der Teppich groß genug, kannst du alle Fadenenden auf der Rückseite vernähen. Nimm den Teppich aus dem Webrahmen.

6 Du kannst an den kurzen Kanten auch Fransen anbringen: Fädle Wollstücke mit der Nadel durch die Teppichkante, verknote und kürze sie.

Tipp
Natürlich sieht der Teppich auch in anderen Farben sehr schön aus. Wähle die Farben passend zur Puppenstubeneinrichtung.

Putziger Pinguin

nadelgefilzter Schlüsselanhänger

Das brauchst du

Schwierigkeit
●●●

* Styropor®-Ei, 3 cm x 4 cm
* Filznadel, medium, einzeln mit Halterung
* Filzunterlage
* Filzwollreste in Weiß, Schwarz und Gelb
* 2 Wackelaugen, ø 0,7 cm
* Wollnadel, mittlere Stärke
* Baumwollschnur in Gelb, ø 0,1 cm, 30 cm lang
* 2 Silberglöckchen, ø 0,5 cm
* 2 grüne bzw. rote Holzperlen, ø 0,7 cm
* Wasserfester Filzstift in beliebiger Farbe
* Band in Grün-Weiß bzw. Rot-Weiß kariert, 8 mm breit, 10 cm lang
* Schlüsselring, ø 2,5 cm

Vorlage Seite 122

1 Übertrage den Pinguinbauch von der Vorlagenseite auf das Styropor®-Ei. Rundherum legst du schwarze Filzwolle auf und filzt sie auf, indem du immer wieder mit der Filznadel einstichst. Arbeite auf einer weichen Unterlage.

2 Nimm etwas weiße Filzwolle und rolle sie zu einer Schnecke auf. Lege sie ins Bauchoval und filze sie auf.

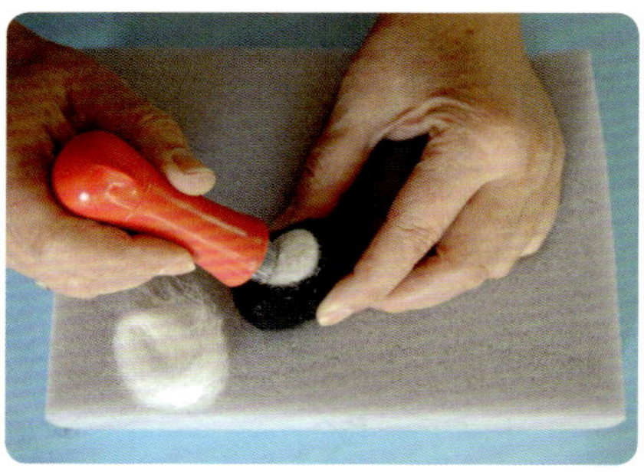

3 Nimm wenig gelbe Filzwolle, forme ein Dreieck und filze sie als Schnabel fest.

4 Nun die Wackelaugen oberhalb des Schnabels aufkleben.

5 Ziehe auf die gelbe Baumwollschnur die beiden Silberglöckchen auf. Führe beide Schnurenden durch die Holzperlen.

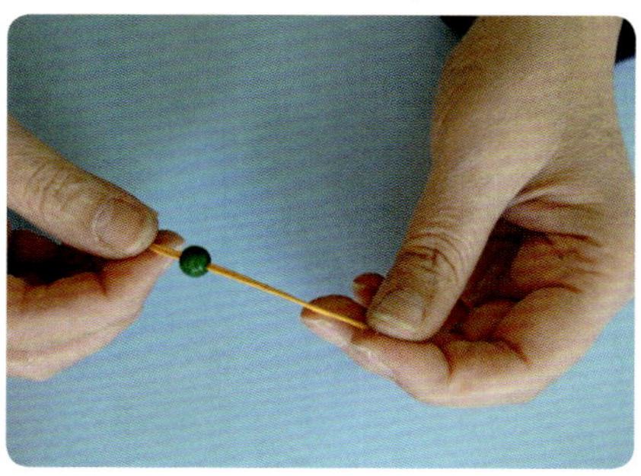

6 Fädle deine beiden Schnurenden in die Wollnadel, durchstich den Pinguin von der Unterseite nach oben und ziehe den Faden durch. Oben in der Mitte machst du einen Knoten. Die Fadenenden verknotest du ebenfalls.

7 Binde aus dem karierten Band eine Schleife um den Knoten direkt am Kopf und schneide die Schleifenenden passend ab.

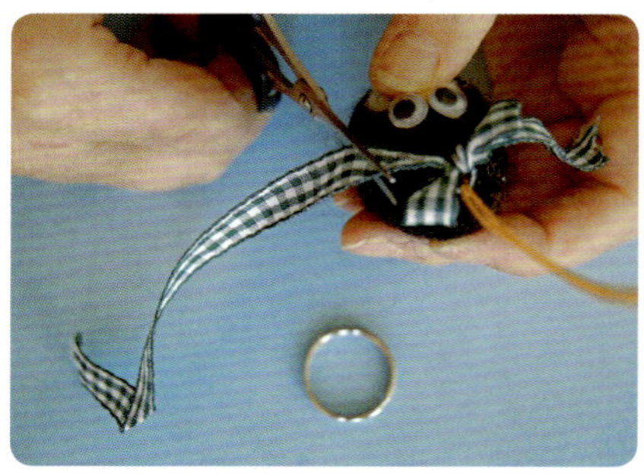

8 Zum Schluss verschlingst du den Schlüsselring im Baumwollband. Fertig.

Morgen, Kinder, wird's was geben!

Nikolausstiefel aus Bastelfilz

Das brauchst du

Schwierigkeit
●●●

* Bastelfilz in Grün, 40 cm x 60 cm
* Bastelfilzreste in Weiß und Rot
* Stickgarn in Weiß, 5 m lang
* 4 Pompons in Weiß, ø 0,5 cm
* Schleifenband in Rot-Weiß kariert, 0,8 cm breit, 12 cm lang
* Glöckchen in Silber, ø 2 cm
* wasserfester Stift in Schwarz
* Nähnadel, mittlere Stärke
* Stecknadeln
* UHU textil oder Alleskleber

Vorlage Seite 123

1 Stelle dir Schablonen her, indem du die Vorlagenzeichnungen auf Seite 123 auf feste Pappe überträgst und ausschneidest. Lege die Schablonen auf den Filz in der passenden Farbe und male die Umrisse mit einem wasserfesten Filzstift nach. Die Teile für Stiefel, Stiefelpelz, Fußspitze und Ferse benötigst du zweimal, die Pilzteile nur einmal.

2 Klebe alle ausgeschnittenen Teile mit Alleskleber auf die Stiefelteile. Achte darauf, dass der Stiefel dabei einmal seitenverkehrt liegen muss.

3 Klebe das karierte Band hinter ein Stiefelteil an der Fersenseite. Hierzu faltest du es in der Mitte. Die unteren offenen Enden klebst du aufeinander und dann hinter den Stiefel. Das wird die Aufhängelasche.

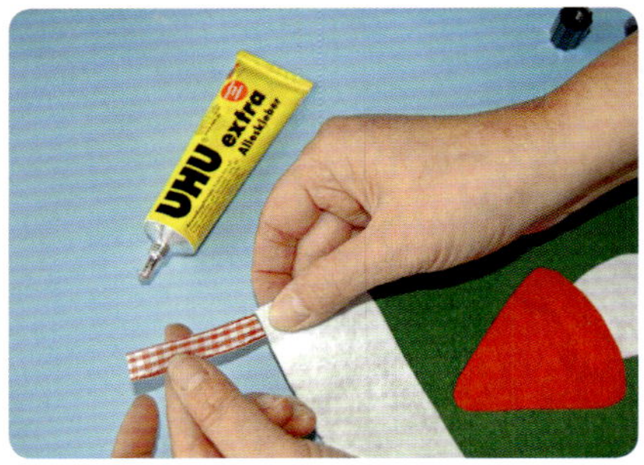

4 Nähe nun mit einem geraden Zierstich Fußspitzen, Fersen und Pilzhut fest. Hierzu verknotest du den Fadenanfang und ziehst Nadel und Faden von unten nach oben durch den Filz. Ungefähr 0,5 cm von dieser Einstichstelle entfernt stichst du die Nadel jetzt von oben ein und ziehst den Faden nach unten fest und dann in dem gleichen Abstand wieder von unten nach oben. Beim letzten Stich verknotest du den Faden auf der Unterseite und schneidest das Fadenende ab.

5 Lege beide Stiefelteile aufeinander, sodass deine Verzierungen außen liegen. Stecke die Teile mit Stecknadeln zusammen, dann kann nichts verrutschen. Den weißen Wollfaden in die Nadel fädeln. Dann ziehst du Nadel und Faden seitlich am Stiefelpelz durch beide Stiefelteile und das karierte Bandende und machst einen Knoten.

6 Stich 0,5 cm vom Knoten entfernt von oben durch beide Stiefelteile und ziehe den Wollfaden durch. Noch nicht ganz fest ziehen, eine kleine Schlaufe bleibt übrig.

7 Durch diese Schlaufe ziehst du dann nochmal von oben Nadel und Wollfaden durch und ziehst den Faden dann fest. So ist eine Schlinge entstanden. Umrande auf diese Weise den ganzen Stiefel, bis du am anderen Ende des Stiefels angekommen bist. Verknote den Faden doppelt und schneide das Fadenende mit der Schere ab.

8 Jetzt klebst du die Pompons mit Alleskleber auf den Pilzhut. Zum Schluss nimmst du einen 10 cm langen Wollfaden und fädelst das Silberglöckchen auf. Schlinge den Faden um das karierte Band und verknote die Enden. Fertig ist der Nikolausstiefel!

Lässig durch die kalte Zeit

gebatikter Loopschal

Das brauchst du

Schwierigkeit ●●●

- Baumwollstoff in Weiß, 50 cm x 130 cm
- Färbepulver für Stoff in Rot
- 3 EL Salz
- 15 Gummibänder
- alte Grillzange
- alter Topf, Herd
- 2 l Wasser
- Bügeleisen
- Nadel und Nähseide in Rot (alternativ Nähmaschine)

1 Gib das Wasser in einen großen alten Topf und löse nach Packungsanleitung das Farbpulver und das Salz darin auf. Bringe das Wasser zum Kochen, dann kannst du den Topf vom Herd nehmen.

2 Binde inzwischen den Stoff mit den Gummibändern ab, wie du es auf dem Foto sehen kannst. Tauche den Stoff kurz in Wasser.

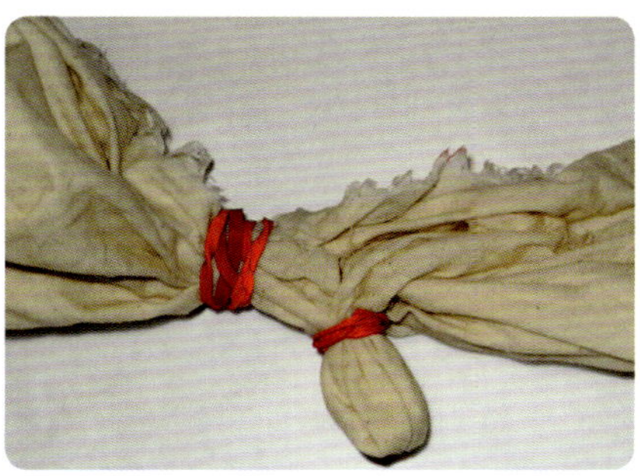

3 Jetzt brauchst du unbedingt einen erwachsenen Helfer! Lege den feuchten Stoff vorsichtig ins heiße Wasser und tauche ihn mit der Zange unter. Lass ihn 20 Minuten im Färbebad ziehen und rühre dabei ab und zu um.

4 Nimm das Stoffstück heraus und lege es ins Spülbecken. Wasche den Stoff so lange mit klarem Wasser aus, bis keine Farbe mehr herausläuft. Löse die Gummibänder und hänge ihn zum Trocknen auf.

5 Bitte einen Erwachsenen, dir den Stoff zu bügeln.

6 Messe den Stoff nocheinmal nach und schneide ihn eventuell noch zu.

7 Nun geht es ans Zusammennähen: Das kannst du von Hand machen oder, mit einem erwachsenen Assistenten, an der Nähmaschine. Falte den Stoff der Länge nach mittig zusammen, sodass ein langer Schlauch entsteht.

Tipp
Verwende für den Schal am besten rote Nähseide, damit man die Nähte – vor allem die Verschlussnaht der Wendeöffnung – nicht sieht. Wir haben auf den Fotos weißes Garn verwendet, damit man die Naht besser erkennen kann!

8 Stecke die Stoffschichten mit Stecknadeln zusammen und nähe mit Vorstichen 1 cm vom Rand entfernt entlang. Vernähe die Enden.

9 Wende den Schlauch auf die rechte Seite. Das ist die Seite, auf der du keine Naht sehen kannst.

10 Falte den Schal in der Mitte, sodass die kurzen Kanten aufeinander liegen. Nähe die beiden innen liegenden Stoffschichten zusammen. Wende den Schal erneut.

11 Nähe die beiden anderen kurzen Seiten zur Hälfte zusammen und wende den Schal wieder auf die rechte Seite. Nähe die Wendeöffnung auf der rechten Seite vorsichtig von Hand zu.

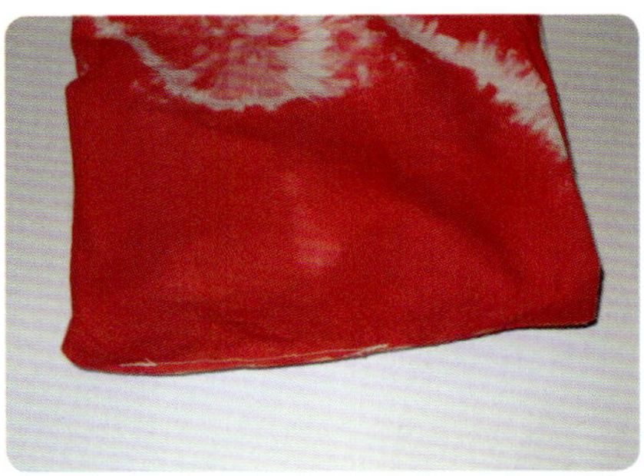

Farbige Weihnachten

STAEDTLER
Noris Club 226
super jumbo

Kreativ mit Farbe

Das solltest du darüber wissen

Tisch präparieren

Vor dem Malen solltest du deinen Tisch mit Zeitungen abdecken. Wenn du eine wilde Actiontechnik ausprobieren möchtest, dann solltest du aufgeschnittene Mülltüten als Unterlage verwenden und auch den Boden unter dem Tisch damit schützen.

Malerkittel

Damit du beim Kreativsein mit Farbe nicht ständig auf deine Kleidung achten musst, solltest du einen Kunststoffmalerkittel oder zumindest eine alte Hose und ein altes T-Shirt tragen.

Malen, zeichnen, drucken, skizzieren

Weißt du, wie deine Technik heißt? Arbeitest du trocken, nass oder sogar nass in nass? Mit einem Stift zeichnest du, mit einem Pinsel malst du, mit einem Stempel oder einer Linolschnittplatte druckst du. Oft machst du eine Skizze, also einen Entwurf, bevor du ein Bild malst.

Untergrund

Papier ist der gängigste Malgrund. Da gibt es aber große Unterschiede: Glatte Papiere nehmen oft wenig Feuchtigkeit auf, grobporige Papiere zeigen beim Zeichnen eine eigene Struktur. Wenn du sehr nass malen möchtest, solltest du dein Papier rundherum mit Malerkrepp auf ein Malbrett kleben, damit es sich nicht wellt. Du kannst aber auch auf Holz, Pappe, Metall, Folie oder Stein malen. Damit die Farben richtig gut leuchten, solltest du die zu bemalende Fläche eventuell abschmirgeln und mit weißer Farbe grundieren.

Kindersichere Farben

Verwende, wenn möglich, wasserlösliche Farben, sie sind auswaschbar. Deck-, Acryl- und Dispersionsfarben sind oft für dieselben Techniken einsetzbar. Aquarellfarbe eignet sich zum Bemalen von Strohseide und Aquarellpapier (nass und trocken). Wenn dein Bastelobjekt im Freien stehen soll, kannst du die Farben mit Klarlack fixieren oder gleich Lacke benutzen.

Mischen

Viele Farben sind untereinander mischbar. Gelb und Rot ergeben Orange, Blau und Gelb Grün. Rot und Blau ergeben Violett. Mischt man Weiß in eine Farbe wird sie heller, mit Schwarz dunkler. Mische auf einer Palette und teste den entstandenen Farbton auf einem Extrablatt.

Spannend

Spezialfarben sind das pure Abenteuer: Neonfarben, Gold, ein weißer Plusterstift oder Farben mit irisierendem Glimmer sind einfach cool. Aber auch mit scheinbar „normalen" Farben lässt sich Spannung erzeugen: Über ein mit Wachsstiften gemaltes Bild kannst du bügeln, Acrylfarbe mit einem Apfel drucken oder mit einem Tintenkiller ein „Negativ" malen. Probiere es aus!

Fixieren

Es gibt Farben, die man erst im Ofen einbrennen muss, um sie haltbar zu machen. Porzellanfarben etwa sind anschließend sogar spülmaschinenecht.

Adventsgruß

Weihnachtskarte mit Papierbatik

Das brauchst du

Schwierigkeit ●●○

* Fotokarton in Dunkelblau, 29,6 cm x 14,8 cm
* Fotokartonrest in Elfenbein, 14,7 cm x 14,7 cm
* Batikpapier, 14 cm x 14 cm
* Bügelfixierbare Seidenmalfarbe in Gelb, Pink und Türkis
* Wachsmalkreide in Weiß
* 3D-Liner in Weiß
* Sternenband in Weiß, 0,8 cm breit, 40 cm lang
* Unterlage (z. B. Plastiktüte)
* Pipette
* Bügeleisen
* Küchenkrepp
* UHU Alleskleber Kraft

Vorlage Seite 124

1 Lege das Batikpapier auf die Unterlage und male mit weißer Wachsmalkreide Kugeln auf das Papier.

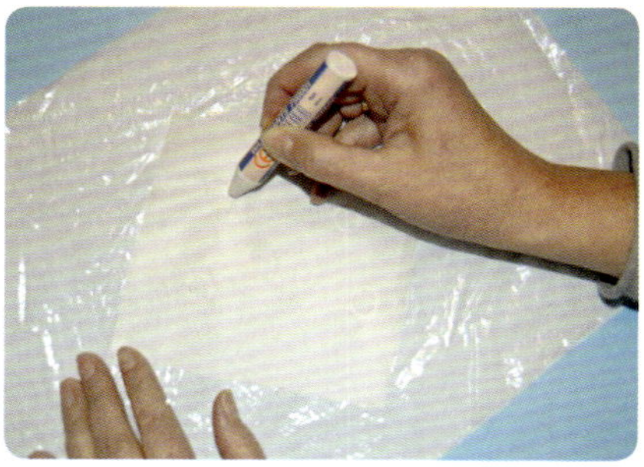

2 Dann tupfst du mit der Pipette die Seidenmalfarbe um und in die Kugeln. Lass die Farbe gut trocknen.

3 In der Zwischenzeit schneidest du die Karte und das elfenbeinfarbene Innenblatt zu. Knicke die Karte in der Mitte. Stelle eine Papierschablone von dem Tannenbaum wie auf der Vorlage her, lege sie auf die Außenseite der Karte und zeichne die Umrisse des Baums mit Bleistift auf. Dann schneidest du den Baum entlang der Linien aus.

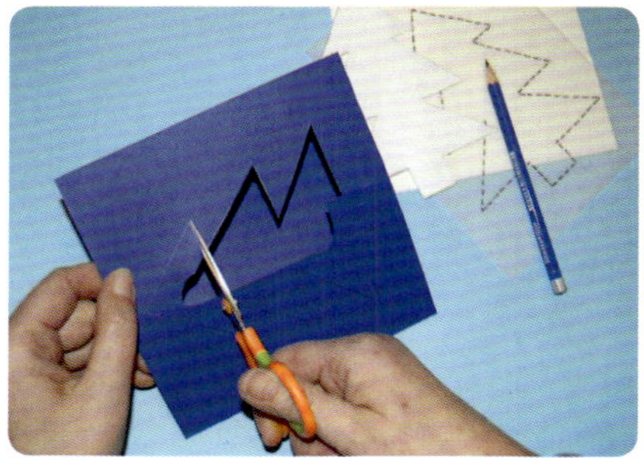

4 Erstbügler benötigen einen erwachsenen Assistenten! Fixiere die Seidenmalfarbe mit dem Bügeleisen. Lege dafür das Batikpapier zwischen zwei Küchenkreppblätter und bügle es eine Minute auf mittlerer Stufe.

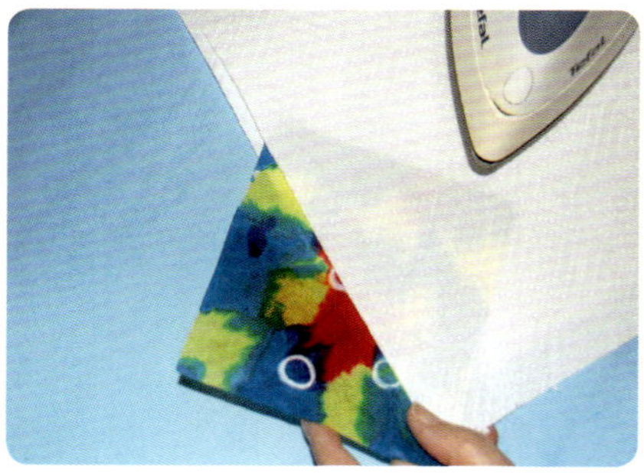

5 Klebe jetzt das Papier hinter den Kartenausschnitt und hinter dem Batikpapier das elfenbeinfarbene Innenblatt fest. Achte darauf, dass du bei beiden nur die Ränder festklebst, damit keine hässlichen Kleboflecken auf dem Tannenbaum entstehen.

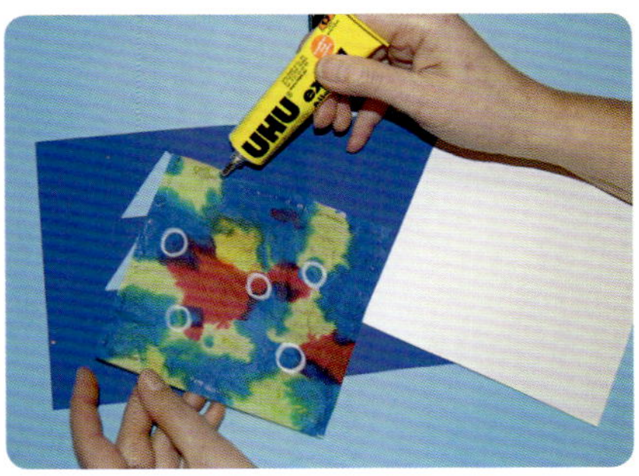

6 Mit 3D-Liner tupfst du an der Außenseite der Karte einige Schneeflocken auf und lässt alles gut trocknen. Jetzt kannst du das Sternenband um die Karte binden und deine Weihnachtsgrüße verschicken.

Tipp

Das Batikpapier lässt sich gut falten. Tropfe Farbe auf das gefaltete Papier – vor allem auf die Kanten. Wenn du dein Papier entfaltest, siehst du magische Muster. Vor dem Einkleben in die Weihnachtskarte sollte ein Erwachsener deine Faltbatik sanft bügeln.

Aufgesprüht!

Streetart zur Weihnachtszeit

Tipp

Damit die Farbe auf dem Pulli nicht auf andere Stellen abfärbt, solltest du den Pulli nach dem Trocknen der Farbe einmal in der Waschmaschine waschen lassen. Sonst ist dein Pulli bald auch an den Ärmeln rot.

Das brauchst du

Schwierigkeit ●●●

- feste Folie (Lampenfolie oder Mobilefolie), A4
- Acrylfarbspray in Rot
- Rolle Packpapier
- Toilettenpapierrolle
- Baumwollpulli in Weiß, gewaschen und gebügelt
- Zeitung
- Klebeband
- Silhouettenschere (alternativ Cutter & Unterlage)

Vorlage Seite 123

1 Stencil-Kunst: Fertige dir mit Hilfe der Vorlage eine Schablone aus Folie an. Du kannst dir natürlich auch selbst ein Motiv ausdenken, das du auf die Folie zeichnest und ausschneidest. Um die feinen Linien auszuschneiden nimmst du am besten eine spitze Silhouettenschere oder lässt sie dir von einem Erwachsenen mit einem Cutter heraustrennen. Um das Motiv herum möglichst viel Folie stehen lassen, so wird später noch mehr Fläche abgedeckt.

2 Nun deckst du deinen Arbeitsplatz weiträumig mit Zeitung ab und klebst an die Ränder deiner Schablone mit Klebeband Zeitung. Klebe überall die Übergänge zwischen Zeitung und Folie komplett mit Klebeband ab, da sonst der feine Farbstaub hindurch kommt.

3 Jetzt kann es losgehen! Entferne den Sicherheitsring von der Sprühflasche, lege den Pulli vor dich hin, platziere die Schablone darauf, decke alles noch einmal mit Zeitung ab und sprühe im Abstand von 20 cm die Farbe auf die Schablone.

4 Dann nimmst du die Schablone ab und setzt die Klopapierrolle aufrecht und fest auf den Pulli und sprühst hinein. Halte den Sprühkopf dabei genau in die Rolle, damit nichts daneben geht. Setze die Klopapierrolle erneut an und erstelle so Stück für Stück den abgebildeten Rahmen.

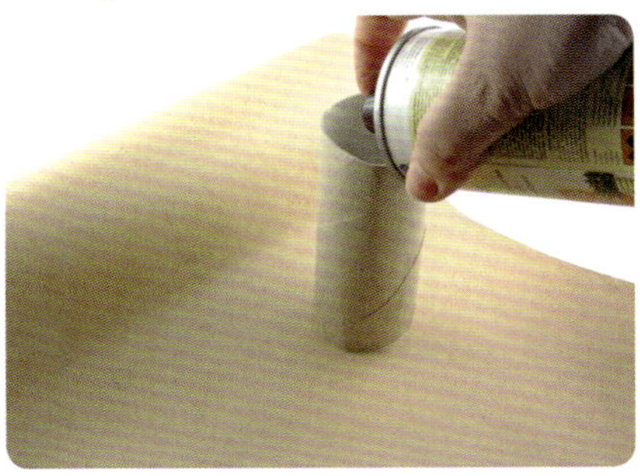

Achtung!
Es ist empfehlenswert, im Freien zu sprühen oder einen Raum zu nutzen, der sich leicht sauber machen lässt, denn der Sprühnebel lagert sich in einem weiten Radius ab.

5 Um das Geschenkpapier herzustellen, rollst du die Packpapierrolle ein großes Stück aus, legst dann in gleichmäßigen Abständen die Schablone an und sprühst das Motiv auf. Bist du damit fertig, kannst du mit der Klopapierrolle dazwischen auch noch nach Lust und Laune Kreise sprühen.

6 Auf diese Weise lassen sich auch Weihnachtskarten und vieles mehr herstellen, was fällt dir noch ein?

Winterliches Windlicht

Aussprengtechnik

Das brauchst du

Schwierigkeit ●●●

* Glaswindlicht, ø 13,5 cm, 13,5 cm hoch
* Strohseide in Weiß, 11 cm x 45 cm
* Wasserfarbe in Gelb, Rot, Grün und Blau
* weiße Kerze und Stabfeuerzeug
* kleine Weihnachtskugel in Türkis, ø 2 cm
* Sternanis, ø 3 cm
* Schleifenband in Türkis-Weiß kariert, 1 cm breit, 75 cm lang
* Kerze in beliebiger Farbe, 6 cm hoch
* Unterlage (z. B. Plastiktüte)
* Zeitungspapier
* Backpapier
* Bügeleisen
* Rest Silberkordel, ø 0,1 cm
* UHU Alleskleber

1 Für diese Technik benötigst du einen erwachsenen Assistenten: Lege die Strohseide auf die Unterlage und tropfe Wachs von der brennenden Kerze darüber.

2 Dann malst du mit Wasserfarbe eine gelbe Schicht über die ganze Strohseide und lässt die Farbe gut trocknen.

3 Jetzt tropfst du wieder Kerzenwachs auf die Strohseide. Die nächste Schicht wird mit roter Wasserfarbe angemalt. Diese gut trocknen lassen.

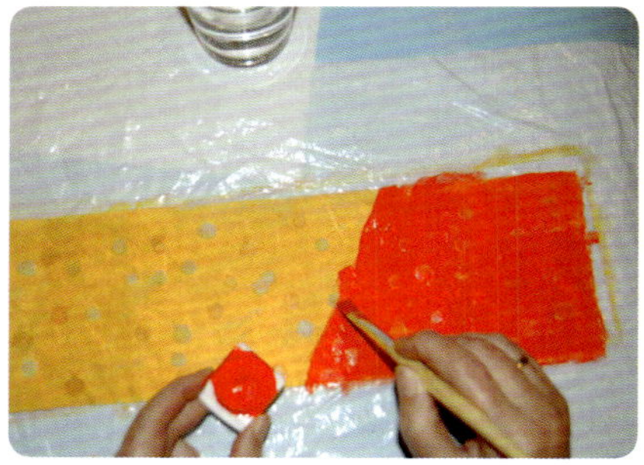

4 Nachdem du die Wachstropfen auf der roten Schicht angebracht hast, malst du eine grüne Schicht darüber. Nach dem Trocknen auch auf dieser Schicht Wachs anbringen, als letzte Schicht die Strohseide mit blauer Wassermalfarbe bemalen.

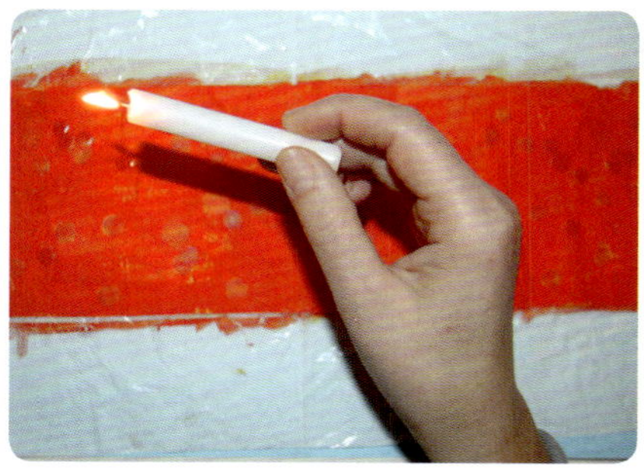

5 Nachdem alles getrocknet ist, bügelst du das Wachs auf mittlerer Stufe aus der Strohseide. Lege sie zwischen drei Lagen Zeitungspapier und lege als Abschluss oben das Backpapier auf das Zeitungspapier. So bleibt das Bügeleisen sauber.

6 Lege die Strohseide um das Windlicht und klebe sie an den überstehenden Enden zusammen.

7 Klebe nun am oberen Rand das karierte Band um das Windlicht. Fixiere einige Punkte des Bands mit Heißkleber am Glas. Binde die Silberkordel an die Aufhängung der Weihnachtskugel und verknote die Enden. Jetzt fädelst du die entstandene Schlaufe durch das karierte Band. Die Bandenden bindest du zu einer Schleife und klebst auch diese am Windlicht fest. Lasse dir bei der Verwendung von Heißkleber unbedingt von einem Erwachsenen helfen.

8 Zum Schluss klebst du noch den Sternanis mittig auf die Schleife und stellst eine Kerze in dein Windlicht.

Schlaf
gut!

Schlaf gut!

Schablonieren mit Textilfarbe

Das brauchst du

Schwierigkeit ●●●

- Bettwäsche in Weiß (alternativ Schmusekissenbezug), gewaschen und gebügelt
- Stoffmalfarbe in Gelb, Orange und Weiß
- Glitzerfarbe in Blau
- Karton, A3 und A4
- Stupfpinsel oder Schwamm
- 4 Zeitungen
- Schere (alternativ Cutter & Unterlage)
- Bügeleisen

Vorlage Seite 124

Tipp

Du kannst die Sterne auch stempeln oder frei Hand malen. Verwende verschiedene Gelbtöne für die Sterne. Du kannst sie ganz leicht selber mischen: Weiß in gelber Farbe ergibt Hellgelb und etwas Orange im Gelb wird zu Dunkelgelb. Dunkelblaue Bettwäsche sieht mit Goldsternen sehr edel aus!

1 Stelle zunächst Schablonen für die Sterne her: übertrage die Sterne auf den Karton und schneide sie aus. Das kann auch ein Erwachsener mit dem Cutter machen.

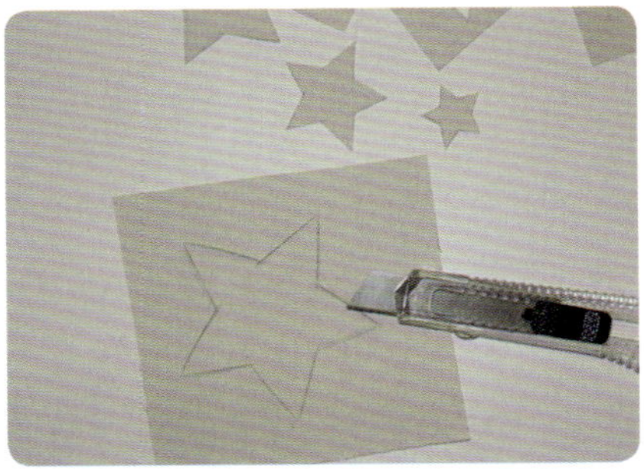

2 Lege zwischen die beiden Stofflagen der Bettwäsche viele alte Zeitungen oder Kartons, damit die Farbe nicht durchdrücken kann.

3 Platziere die Schablonen jeweils auf der Bettwäsche, halte sie mit einer Hand gut fest und stupfe mit der anderen Hand die Farbe auf. Für Schattierungen tauchst du den Pinsel sowohl in die gelbe als auch ganz leicht in die orange Farbe.

4 Nach dem Trocknen kannst du zusätzlich einen Spruch oder deinen Namen auf die Bettdecke schreiben.

5 Nach dem Trocknen muss die Farbe mit einem Bügeleisen fixiert werden. Das ist wieder eine Aufgabe für deinen großen Helfer. Jetzt aber ab ins Bett mit dir – dort kannst du vom Christkind träumen!

Eislichterzauber

Krepppapier färbt!

Das brauchst du

Schwierigkeit

●●●

* 3 alte Plastikbecher
* Silikonform Gugelhupf, ø 7,5 cm
* Krepppapierrest in Türkis, Gelb und Pink
* Wasserkocher oder Topf
* Untersetzer
* Holzstäbchen

1 Kleine Künstler brauchen hier einen erwachsenen Helfer: Koche 1,5 l Wasser auf und verteile sie in drei Joghurtbecher.

2 Tauche mit einem Holzstäbchen in jeden Becher einen Krepppapierrest. Das Wasser färbt sich bunt. Dann nimmst du mit dem Stöckchen das entfärbte Papier wieder heraus.

3 Stelle die Silikonform auf die Unterlage und gieße die Förmchen zu einem Drittel voll. Stelle nun die Form mit dem Brett für vier Stunden ins Gefrierfach.

4 Dann gießt du die nächste Farbe in die Förmchen, sodass diese zu zwei Dritteln gefüllt sind. Jetzt kannst du die Eiskuchen wieder für vier Stunden in das Gefrierfach stellen.

5 Genauso gießt du das letzte Drittel der Förmchen voll. Ist auch diese Schicht gefroren, kannst du deine Kuchen aus der Form holen, indem du die Silikonformen umstülpst. Fertig sind deine Eistörtchen in Regenbogenfarben und du kannst sie zum Dekorieren nach draußen stellen.

Tipp

Beim Schmelzen hinterlassen die Eiskuchen eine färbende Pfütze. Achte also darauf, dass der Untergrund, auf den du die Eislichter stellst, abwischbar ist.

Regenbogenkreiden

Reste schmelzen

Das brauchst du

Schwierigkeit ●○○

- Silikonmuffinform, ø 6 cm
- Wachsmalstiftreste in Gelb, Orange, Weiß, Pink, Rot, Grün, Dunkelblau, Orange, Braun
- 2 Schaschlikstäbchen
- Baumwollkordel in Gelb, ø 1 mm, 66 cm lang
- kleines Messer & Unterlage

1 Löse von den Wachsmalkreiden letzte Papierreste. Schneide die Wachsmalkreiden in kleine Stücke. Dann verteilst du die Stücke gleichmäßig in die Muffinförmchen. Entweder kunterbunt oder nach Farbfamilien sortiert.

2 Dein erwachsener Helfer stellt die Muffinform bei 100 C° in den Ofen. Beobachte deine Wachsmalkreiden. Sobald sie geschmolzen sind, schaltest du den Ofen aus und öffnest die Ofentür.

3 Brich ein Schaschlikstäbchen in sechs Teile. Wenn die Kreiden etwas abgekühlt sind, nimmst du die Form aus dem Ofen. Die Wachsmalkreiden sind jetzt nicht mehr ganz flüssig, aber das Wachs ist noch weich. Drücke je ein Schaschlikstabstück in die Wachsanhänger. Lasse nun deine Wachsmalkreiden fertig auskühlen.

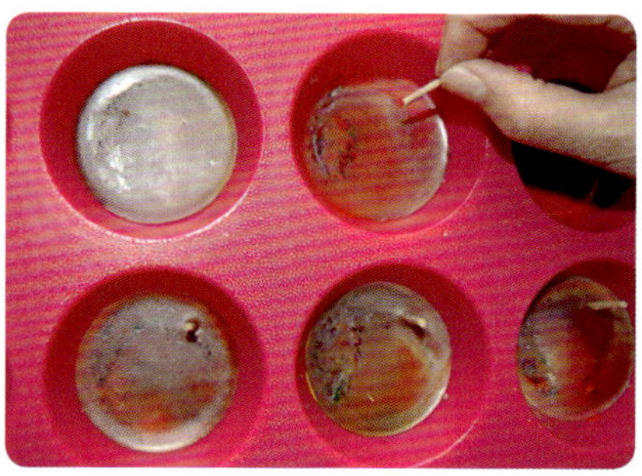

4 Löse die Anhänger aus der Form und ziehe die Hölzchen vorsichtig wieder heraus. Mit dem anderen Schaschlikstab stichst du die Aufhängelöcher noch einmal nach.

5 Jetzt teilst du die Baumwollkordel in sechs Teile von je 11 cm, ziehst sie durch die Aufhängelöcher und verknotest die Enden der Kordel. Fertig ist der Wunderstift, der sich prima auf einem Geschenk festgebunden verschenken lässt.

Mein Wunschzettel

Fingerstempeln

Das brauchst du

Schwierigkeit
●●●

- Tonpapier in Hellblau, 30 cm x 31 cm
- Tonpapier in Elfenbein, 18 cm x 31 cm
- Filzstift in Schwarz
- Stift in Gold
- Acrylfarbe in Weiß, Rot, Grün, Hautfarbe und Braun

1 Klebe das elfenbeinfarbene Tonpapier in die Mitte des blauen Tonpapiers, sodass an der oberen und unteren Seite ein 6 cm blauer Rand stehen bleibt.

2 Schreibe auf den oberen Rand mit schwarzem Filzstift die Worte „Mein Wunschzettel“.

3 Dann tupfst du die Motive auf. Am besten fängst du am oberen Rand an, damit du die Farbe nicht aus Versehen verwischst. Tupfe ganz vorsichtig mit der Fingerspitze ein paar kleine, weiße Schneeflocken auf den oberen Rand.

4 Wasche zwischen jedem Farbwechsel deine Hände, damit die Farben klar erkennbar sind. Tupfe jetzt die roten Beeren und die grünen Blätter auf das elfenbeinfarbene Papier.

5 Stemple Schnee, Baum, Nikolaus und Rentiere auf dem unteren Rand deines Wunschzettels auf: Tupfe für den Weihnachtsmann zuerst den weißen Bart und dann das Gesicht auf. Die Köpfe der Rentiere tupfst du etwas schräg auf. Lasse alle Motive gut trocknen.

6 Abschließend zeichnest du mit dem Filzstift noch das Geweih, die Beine der Rentiere und Gesicht, Arme und Beine vom Weihnachtsmann auf.

7 Zum Schluss malst du mit dem Goldstift Kugeln auf deinen Weihnachtsbaum und an die Spitze des Baumes einen kleinen Stern. Den Rentieren malst du goldene Halsbänder mit Glöckchen. Jetzt kannst du deine Wünsche auf den Wunschzettel schreiben.

Kaffeeklatsch

Puppengeschirr in Weihnachtsfarben

Das brauchst du

Schwierigkeit ●●●

* Puppengeschirr (alternativ Espressotassen und Untertassen)
* Porzellanfarbe in Rot, Grün und Gold
* Plastikschälchen oder alte Schüssel
* Backblech, Backpapier, Ofen
* sehr feiner Pinsel

Vorlage Seite 119

1 Gib deine Lieblingsfarbe in das Schälchen und dippe ein Stück des Geschirrteils hinein.

2 Stelle es zum Trocknen auf das Backpapier, hier kann nichts festkleben. Du solltest die Farbe hin und wieder abtupfen, bevor sie ganz trocknet, damit es keine dicken Farbränder gibt!

3 Nun kannst du das Geschirr noch mit Goldfarbe und einem ganz feinen Pinsel verzieren. Wie wäre es zum Beispiel mit Weihnachtssternen? Du kannst sie frei Hand aufmalen oder von der Vorlagenseite übertragen.

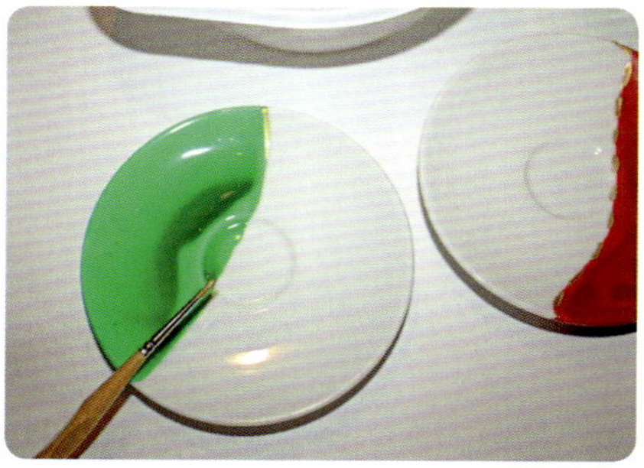

4 Nachdem auch die Goldfarbe getrocknet ist, kannst du sie im Backofen nach Herstellerangaben einbrennen. Dazu brauchst du aber unbedingt einen erwachsenen Assistenten! So, fertig! Wer kommt zum Kaffeekränzchen?

Beschneite Pinnwände

Schneeflocken stempeln

Das brauchst du

Schwierigkeit ●●●

* Korkuntersetzer, rund, ø 16 cm und ø 25 cm
* Acrylfarbe in Weiß
* Bleistift mit Radiergummi
* dicker Pinsel
* dünner Pinsel
* Pappteller
* UHU Pattafix oder Powerstrips

1 Verstreiche einen großen Klecks Farbe mit dem dicken Pinsel auf dem Pappteller. Drücke den Radiergummi des Bleistifts in die Farbe und stemple damit auf den Korkuntersetzer.

2 Denke dir verschiedene Schneeflockenformen aus und male mit dem dünnen Pinsel das Gerüst auf. Dann stempelst du mit dem Radiergummi an den passenden Stellen die Kügelchen auf.

3 Du kannst aber auch anders vorgehen und erst die Kügelchen stempeln (z. B. vier zusammenstehende) und dann nachträglich mit dem dünnen Pinsel Verzierungen einfügen.

4 Damit es auf deinen Pinnwänden auch ordentlich schneit, setzt du rund um die großen Schneeflocken noch kleine hinzu; am besten immer ein, zwei oder drei Punkte abwechselnd und gleichmäßig verteilt. Du musst auch nicht alles bestempeln, dann kannst du später an die freien Flächen etwas anpinnen ohne das schöne Muster zu verdecken.

5 Ist die Farbe getrocknet, musst du nur noch die Untersetzer an der Wand anbringen. Dafür nimmst du am besten UHU Pattafix oder Powerstrips, so kannst du die Pinnwände problemlos wieder abnehmen, wenn es im Frühjahr nicht mehr in deinem Zimmer schneien soll.

Weih-nachten? Aber natürlich!

Basteln mit Naturmaterial

Das solltest du darüber wissen

Lebensmittel?

Es gibt viele hungernde Menschen auf der Welt und gleichzeitig einen riesigen Müllberg an noch genießbaren Lebensmitteln, die jeden Tag weggeworfen werden. Mach dir dieses Problem bewusst. Wenn du trotzdem mit Nahrungsmitteln basteln möchtest, dann schau dich mal um: Nüsse, Äpfel und ungekochte Nudeln sind wirklich sehr dekorativ. Mit nassen Teebeuteln oder zerquetschten Beeren kannst du malen, mit Reis einen kleinen Zen-Garten anlegen. Halte solche Basteleien in Maßen!

Sammeln

Um mit Naturmaterial basteln zu können, musst du es erst einmal sammeln. Lege dir am besten einen Platz im Garten an, an dem du Zapfen, Muscheln, Steine, Stöcke und Rinde deponierst. Kastanien kannst du auch in einem Korb aufbewahren. Blüten und Blätter presst du am besten zwischen Telefonbuchseiten, Blüten und Beeren verwendet man meist frisch.

Leder

Leder ist ein Naturprodukt und besteht aus gegerbter Tierhaut. Gehe sorgfältig damit um und verschwende es nicht! Das Material ist sehr widerstandsfähig, aber auch etwas zäh. Für viele Arbeitsschritte benötigst du daher einen **erwachsenen Assistenten** oder etwas mehr Kraft als sonst.

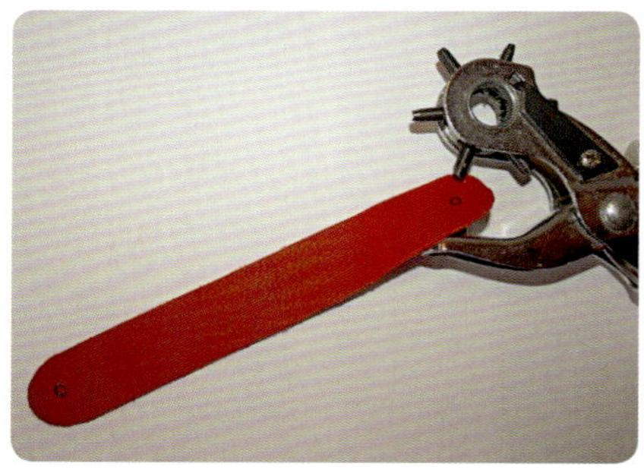

Sägen

Große Äste, Pfähle und Bretter muss man oft erst zusägen, bevor man mit ihnen werken kann. Das solltest du nur unter der Aufsicht eines **Erwachsenen** tun, damit du dich dabei nicht verletzt. Spanne das betreffende Holzstück mit Schraubzwingen fest, sodass es dir nicht entwischen kann. Markiere die Sägestelle mit Bleistift. Dann sägst du vorsichtig mit geraden Bewegungen.

Raspeln, Schleifen und Schmirgeln

Mit groben Raspeln und Feilen kann man das Holz prima bearbeiten. Ist die grobe Form erkennbar, kannst du auf Schleifpapier umsteigen und alle Kanten sorgfältig glätten. Je grober die Körnung des Papiers ist, umso feiner wird dein Schliff.

Naturfarbe

Holz kannst du entweder in seiner Naturfarbe belassen oder mit Speiseöl einölen. Wenn dein Objekt wetterfest sein soll, kannst du es, wenn es ganz fertig ist, mit Klarlack besprühen.

Trocknen

Blumen trocknet man kopfüber. Blätter werden zwischen saugfähigem Papier gepresst.

Einfrieren

Auch mit Schnee und Eis lassen sich tolle Kunstwerke erschaffen: Außer einem Schneemann könntest du ja mal eine Pyramide oder ein Monster aus Schnee machen. Wenn du Teelichter hineinstellst, dann leuchtet der Schnee geheimnisvoll in der Dämmerung.
Beeren, Blütenblätter und andere Fundstücke lassen sich auch einfrieren. Gestalte so Eislichter oder lege Mandalas, die du dann mit Wasser übergießt, sodass du nach einer kalten Nacht eine Eisscheibe an der Eingangstür aufstellen kannst.

Kleben

Im Sinne von „Land Art“ wäre es eigentlich, alle Objekte mit Gras oder Schlingpflanzen aneinander zu binden. Aber manchmal benötigt man eben doch einen Tropfen Klebstoff. Dann bietet sich UHU Creativ für Naturmaterialien an.

Wetterfest dekorieren

Nicht jedes Material ist winterfest. Aber viele Naturmaterialien sind geeignet, um den Außenbereich zu dekorieren. Schnell hast du aus ein paar Zweigen einen Stern gebunden! Bedenke, dass es draußen Frost geben könnte, vielleicht aber auch feucht werden kann. Oft picken Vögel an Außendekorationen herum. Optimal ist daher eine essbare, winterfeste Dekoration aus Äpfeln, Nüssen und Vogelfutter oder etwas, das von Wildtieren nicht mit Futter verwechselt werden kann.

Adventskranz aus der Natur

Kiefernzapfenkranz

Das brauchst du

Schwierigkeit ●●●

- 12 Kiefernzapfen, ø 4–5 cm
- Metallring, ø 25 cm
- Ripsband in Rot-Weiß, 4 cm breit und 6 m lang
- 12 Erlenzapfen, ø 1,5 cm
- 4 Stumpfkerzen in Weiß, passend zu den Kerzenhaltern, ca. 6–8 cm hoch
- 4 Kerzenhalter in Silber
- Blumendraht in Braun
- UHU Repair all Powerkit

1 Zuerst befestigst du alle zwölf Kiefernzapfen mit dem Blumendraht am Metallring. Wickle den Anfang des Drahts zur Befestigung mehrmals um den Ring. Dann führst du den Draht einmal komplett um den ersten Tannzapfen und wickelst ihn dann einmal um den Metallring. Der Draht sollte möglichst straff sein. So machst du es mit allen zwölf Zapfen, bis alle befestigt sind.

2 Nun fädelst du das Ripsband dazwischen, sodass kleine Schleifen entstehen. Knote den Anfang des Bands am Metallring fest. Führe es außen an einem Tannenzapfen entlang und dann von innen nach außen um den Metallring herum.

3 Dann fädelst du es über den Metallring hinüber und unter dem Draht, der sich zwischen den Zapfen befindet, hindurch. So entsteht eine Schlaufe, die du festhältst, damit sie dir im nächsten Schritt nicht wegruscht.

4 Während du die Schlaufe festhältst, legst du das Band auch rechts zur Schlaufe und ziehst es dann unten lang unter dem Draht hindurch und vor dem Metallring nach oben. Schlaufen nach Wunsch in Form ziehen und deine erste Schleife ist fertig. Fädele auf diese Weise rund um den Kranz herum Schleifen ein. Anfang und Ende des Bands verknotest du jeweils am Ring, schneidest es kurz ab und versteckst die Knoten in den Schlaufen.

5 Nun müssen noch die Kerzenhalter befestigt werden. Bitte dazu unbedingt einen Erwachsenen um Hilfe! Knetet gemeinsam das Powerkit bis es sich gut vermischt hat und setzt es dann in einen Zwischenraum zwischen zwei Zapfen. Drückt den Dorn des Kerzenhalters in diese Masse. Verkleidet und stabilisiert die Klebemasse mit den Minizapfen. Alle drei Zapfen sollte ein Kerzenhalter platziert werden, damit es schön gleichmäßig aussieht.

6 Nach einigen Stunden ist die Masse dann hart wie Stein. Jetzt kannst du die Kerzen aufstecken und dein Kunstwerk bewundern.

Tipp
Sehr hübsch sieht es aus, wenn du für die Weihnachtszeit eine Sternenformkerze gießt. Drücke dazu ein Spielförmchen in den Sand.

NaTürLichT

Sandkerze

Das brauchst du

Schwierigkeit ●●●

* Eimer mit Sand
* Holzstab (alternativ Ast)
* alter Topf, Herd
* größerer Topf
* gewachster Docht, ø 2 mm, 15 cm lang
* kleine Schüssel
* Kerzenwachsreste (alternativ Bienenwachs)
* Klebefilm
* Wasserflasche mit Sprühaufsatz
* kleines Brett (Länge größer als Eimerdurchmesser)

1 Feuchte den Sand mit einer Sprühflasche an und fülle ihn in einen Eimer. Jetzt drückst du die kleine Schüssel fest in den Sand und nimmst sie vorsichtig wieder heraus.

2 Zeit für einen erwachsenen Helfer: Fülle das Wachs in den alten, kleinen Topf. Fülle den größeren Topf zur Hälfte mit Wasser und stelle den kleinen Topf mit den Wachsresten hinein. Nun stellst du die Herdplatte auf die mittlere Stufe und rührst das Wachs in dem kleinen Topf mit einem Stöckchen, bis alles geschmolzen ist.

3 Lege das Brett über den Eimer und stelle den gewachsten Docht in die Mitte deiner Vertiefung. In Höhe des Brettes knickst du den Docht um und befestigst ihn mit Klebefilm am Brett.

4 Jetzt gießt du das heiße Wachs in die Vertiefung und lässt es mehrere Stunden erkalten. Ist alles durchgehärtet, löst du den Klebefilm vom Brett und nimmst die Kerze vorsichtig heraus. Den Docht mit einer Schere 3 cm über der Kerze abschneiden.

Stroh zu Gold

traditionelle Strohsterne

Das brauchst du

Schwierigkeit ●●●

- 6 Strohhalme
- dünne Wolle in Orange, ø 0,1 cm, 1 m lang
- 12 gemischte Perlen in Beige, Orange und Braun, ø 1 cm
- Zirkel
- Wollnadel
- Radiergummi
- Pinnstift
- Nylonfaden
- Schüssel & warmes Wasser
- Küchenkrepp

1 Weiche deine Strohhalme 30 Minuten in lauwarmem Wasser ein und tupfe sie anschließend mit Küchenkrepp ab.

2 Stecke die Strohhalme in der Mitte auf einen Pinnstift und lege dann die Strohhalmenden so übereinander, dass eine Sternenform entsteht.

3 Stecke die herausschauende Pinnstiftspitze in die Mitte des Radiergummis.

4 Binde ein Stück orangefarbene Wolle an einem unten liegenden Strohhalm gleich neben dem Pinnstift fest.

5 Webe den Faden über und unter den Halmen durch, bis du wieder beim ersten Strohhalm, an dem sich dein Knoten befindet, angekommen bist. Lege den Faden um diesen Halm herum und fädle jetzt in die entgegengesetzte Richtung. Bei den Halmen, wo dein Faden oben lag, liegt er jetzt unten, und umgekehrt. Bist du wieder am ersten Halm angekommen, verknotest du Fadenanfang und -ende miteinander.

6 2 cm von diesem Fadenkreis entfernt knotest du einen neuen Faden an einen Halm. Jetzt fädelst du die Wolle durch die Wollnadel und ziehst eine Perle auf. Schlinge den Faden um den nächsten Strohhalm, dann ziehst du eine weitere Perle auf. Führe das solange fort, bis du wieder am Anfang angekommen bist. Verknote Anfang und Ende des Fadens miteinander.

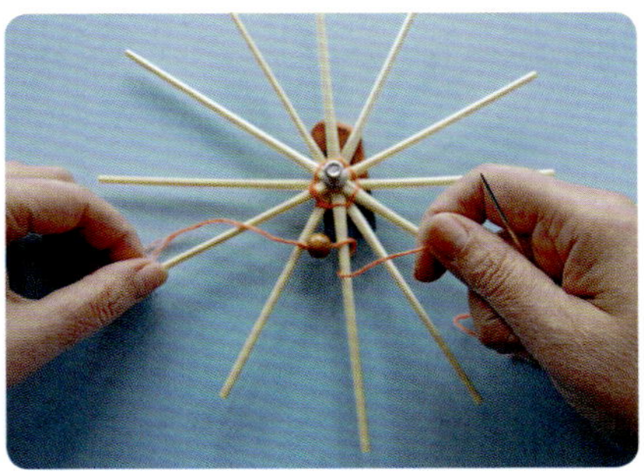

7 Zeichne einen Kreis, ø 12 cm, auf ein Blatt Papier und lege deinen Strohstern mittig in den Kreis. Schneide die Halmenden entlang der Kreislinien ab. Jetzt kannst du den Pinnstift in der Mitte des Strohsterns entfernen. Wenn du möchtest, kannst du deinen Stern mit einem durchsichtigen Nylonfaden aufhängen.

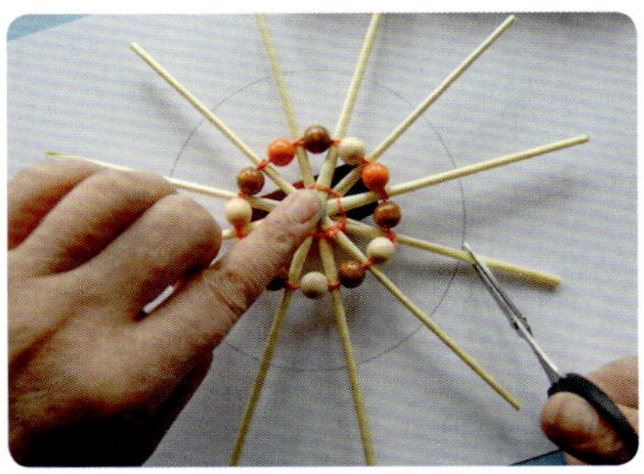

Der Fuchs geht um

Keilrahmen mit Filzfuchs

Das brauchst du

Schwierigkeit ●●●

- Keilrahmen in Weiß, 30 cm x 40 cm
- Acrylfarbe in Helltürkis
- Haarpinsel, breit
- Glitzerkleber in Weiß-Irisierend
- kleine Ästchen (Kiefer, Apfel, Birke)
- Filzreste in Orange, Dunkelorange, Weiß und Dunkelbraun
- Stoffrest in Weiß mit bunten Sternen, 2 cm x 15 cm
- wasserfester Filzstift in Weiß, Schwarz und Blau
- UHU Alleskleber Kraft (alternativ Holzleim)
- Stoffschere (alternativ Bastelschere)

Vorlage Seite 123

1 Der Fuchs geht um im Winterwald. Bemale den Keilrahmen im unteren Drittel mit der türkisfarbenen Acrylfarbe. Wenn du möchtest, kannst du sie mit etwas Wasser verdünnen. Lass die Farbe gut trocknen.

2 Trage dann mit dem Glitzerkleber Schneehügel auf und lass auch den Kleber einige Stunden trocknen.

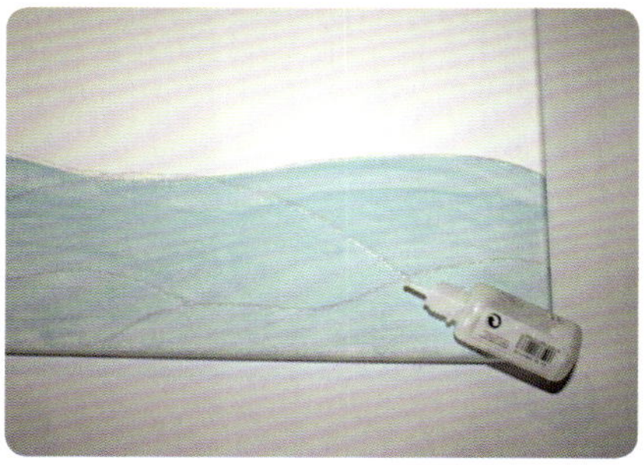

3 Ordne die Ästchen zunächst auf dem Bild an. Du musst eine Stelle frei lassen, an der später der Fuchs sitzen wird. Wenn dir dein Wald gefällt, kannst du ihn mit Holzleim oder Kraftkleber fixieren. Auch auf den Bäumen sieht Glitzerkleber-Schnee hübsch aus!

4 Übertrage alle Teile für den Fuchs auf die entsprechenden Filzstücke und schneide sie sorgfältig aus.

5 Füge den Fuchskörper sowie den Kopf zusammen. Bevor du beides verbindest, musst du den Stoffstreifen zu einer Schlinge legen und am Körper befestigen. Klebe dann erst den Fuchskopf auf.

6 Bemale das Fuchsgesicht.

7 Platziere das Füchslein an der frei gelassenen Stelle und fixiere ihn mit ein paar Tropfen Kraftkleber.

Zappelphilipp

Nussknacker-Hampelmann

Das brauchst du

Schwierigkeit
●●●

* Pappelsperrholz, 0,6 cm stark, 35 cm x 17 cm
* Pappelsperrholz, 0,4 cm stark, 20 cm x 16 cm
* Acrylfarbe in Schwarz, Hautfarbe, Grau, Rot, Weiß und Gelb
* wasserfester Stift in Gold
* dünne Wolle in Rot, ø 0,1 cm, 1,5 m lang
* 4 Schrauben, M 4 x 15
* 4 selbstsichernde Muttern, Gewinde 0,4 cm
* Perle in Schwarz, ø 1,5 cm
* 4 Unterlegscheiben, Innendurchmesser 0,4 cm
* Laubsäge mit feinem Sägeblatt
* Schleifpapier mittlere Körnung
* Flach- und Rundfeile
* Handbohrer
* Bohrer, ø 0,25 cm und ø 0,45 cm
* Kohlepapier
* Lineal
* Karton

Vorlage Seite 125

1 Übertrage die Vorlage für den Nussknacker auf Transparentpapier und klebe dieses auf dünnen Karton. Schneide alle Teile entlang der Linien aus. Das sind deine Schablonen. Lege diese für Kopf und Körper auf das 0,6 cm starke Sperrholz und für Arme und Beine auf das 0,4 cm starke Sperrholz und zeichne alle Umrisse und Innenlinien nach.

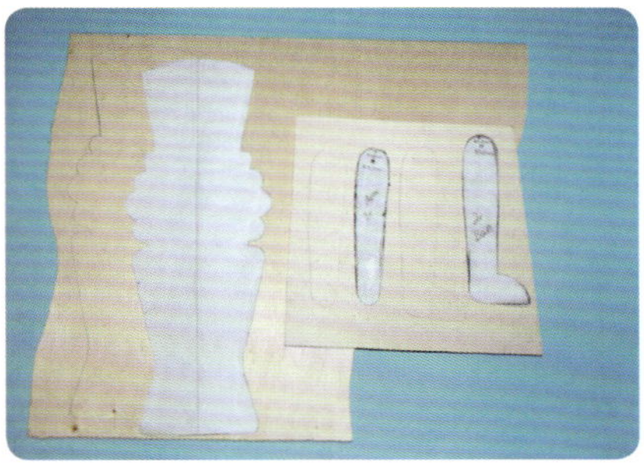

2 Erwachsener Helfer aktiviert? Dann sägt ihr die Sperrholzteile mit einer Laubsäge aus. Schleife die Kanten der Sperrholzteile mit dem Schleifpapier glatt. Kleinere Rundungen kannst du mit den Feilen bearbeiten.

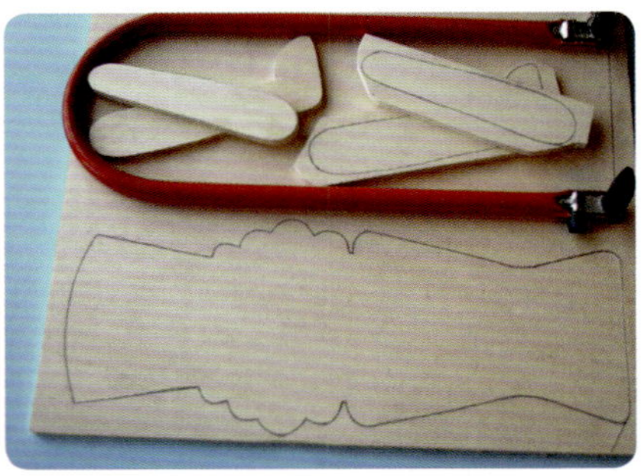

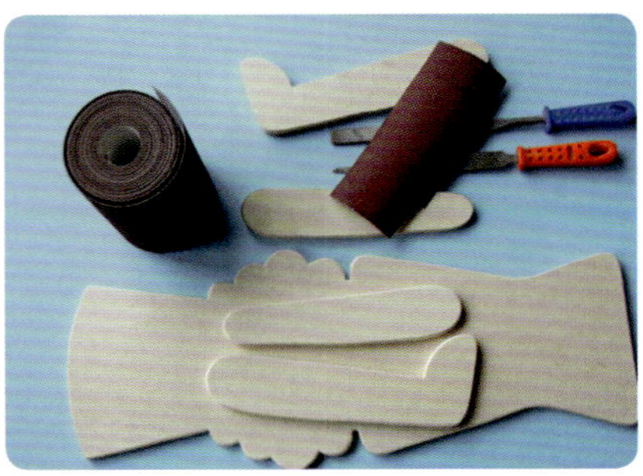

3 Jetzt bohrst du mit dem Handbohrer alle auf der Vorlagenzeichnung angegebenen Löcher in Körper, Arme und Beine. Wenn es schneller gehen soll, kann das ein Erwachsener mit einer Bohrmaschine machen.

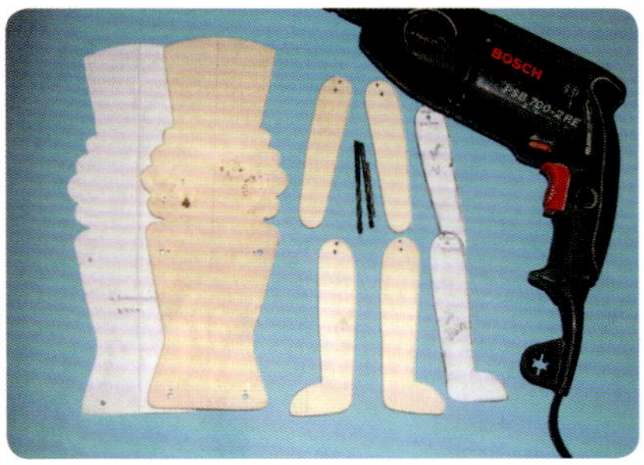

4 Nun kannst du den Nussknacker mit Acrylfarbe wie auf der Abbildung bemalen. Lass immer ein Farbfeld gut trocknen, bevor du mit dem nächsten Farbfeld anfängst. Male das Gesicht auf und setze kleine Lichtpunkte mit weißer Farbe in die Augen. Jetzt malst du alle goldenen Zierlinien mit dem wasserfesten Stift auf.

5 Fädle nun in die oberen Bohrungen der Arme und Beine die rote Wolle und verknote sie. Knote im Abstand von 8 cm zueinander den nächsten Arm bzw. das Bein an. Jetzt bringst du die Schrauben von der Vorderseite an, legst eine Unterlegscheibe zwischen Körper und Arme bzw. Beine und ziehst diese anschließend auf. Dann schraubst du die selbstsichernde Mutter hinten an die Schraubgewinde. Nur so festschrauben, dass man Arme und Beine noch locker bewegen kann.

6 Nun nimmst du 30 cm Wolle und knotest sie in der Mitte an den Wollfaden, der die Arme verbindet. Lege sie nach unten, sodass sie ein wenig gespannt ist und knote die Wolle in der Mitte des Wollfadens, der die Beine verbindet, fest. An dem Fadenende ziehst du die schwarze Perle auf und bringst einige Knoten an, damit sie nicht herausrutschen kann.

7 Zum Schluss bringst du in der Hutspitze eine Wollfadenschlaufe zum Aufhängen an.

Himmelsbote

niedlicher Nudelengel

Das brauchst du

Schwierigkeit

●●○

- Tonkartonrest in Gold
- Spiral-, Sternchen-, Schmetterlings- und Trulli-Nudeln
- Minibastelhölzer, 5,5 cm lang
- Nylonfaden
- Heißkleber
- UHU Alleskleber
- Schere

Vorlage Seite 125

1 Für deinen Engel überträgst du zuerst die Vorlage für das Röckchen auf den Goldkarton und schneidest sie aus. Dann klebst du mit Bastelkleber die Form zu einem Kegel zusammen.

2 Während der Klebstoff trocknet, kannst du dir schon die Nudeln bereitlegen, die du für einen Engel brauchst: 8–10 gerade Spiralen, eine gebogene Spirale für die Arme, eine Schmetterlingsnudel für die Flügel, eine Trulli für den Kopf und zwei bis drei Sternchen für die Haare.

3 Schneide dann ein kleines Stück von der Kegelspitze ab, sodass ein Bastelhölzchen hineinpasst. Schiebe das Hölzchen soweit hinein wie möglich, drehe den Kegel um und lass einen Erwachsen ein paar Tropfen Heißkleber in die Spitze tropfen, damit das Hölzchen schön fest sitzt. Kurz trocknen lassen.

4 Nun bringst du zusammen mit einem Erwachsenen die Nudeln mit Heißkleber an diesem Gerüst an. Klebe zuerst die Spiralnudeln rundherum auf dem Kegel auf. Sind einige Nudeln länger als der Kegel, brichst du einfach ein Stück ab. Eines dieser Reststücke kann direkt zwischen den Übergang vom Hölzchen zum Kegel geklebt werden. Dann legt ihr die gebogene Spiralnudel um das Hölzchen und bringt so die Arme an.

5 Danach befestigt ihr vorn die Trulli als Kopf am Hölzchen und hinten die Schmetterlingsnudeln auf den Armnudeln. Den Heißkleber gut trocknen lassen.

6 Zum Schluss klebst du dann noch mit Bastelkleber die Sternchen am Kopf an und bindest ein Stück Nylonfaden als Aufhängung um die Flügel. Fertig ist der Baumschmuck.

Schicke Schleife

Lederarmband für Ladies

Das brauchst du

Schwierigkeit

- Lederreste in Rottönen
- Nähfreier Druckknopf in Silber, ø 1,5 cm
- Wolle in Rot, 50 cm lang
- Lochzange
- Stahllineal
- Nagelschere
- Cutter & Unterlage
- Hammer & Unterlage
- UHU Alleskleber Kraft

Tipp

Statt Rottönen kannst du natürlich auch eine andere Lieblingsfarbe verwenden. Leder gibt es in allen möglichen Farben. Am besten bittest du einen Erwachsenen, eine Packung bunter Lederreste günstig im Internet zu bestellen.

1 Pro Armband benötigst du zwei Lederstreifen. Miss zunächst deinen Handgelenksumfang und rechne 3 cm dazu. Das ist die Länge für das erste Lederstück, es sollte 2,5 cm breit sein.

2 Der zweite Streifen muss 15 cm lang und 2,5 cm–4 cm breit sein. Das Zuschneiden mit Cutter und Lineal sollte ein erwachsener Helfer für dich übernehmen.

3 Runde die Ecken des Armbandes mit einer Nagelschere ab.

4 Zeichne jeweils 1,5 cm von jedem Ende entfernt eine kleine Markierung an. Dort werden die Druckknöpfe platziert. Stanze mit Hilfe der Lochzange zwei Löcher ins Leder.

5 Stecke die Druckknopfteile nach Packungsanleitung durch die Löcher und fixiere sie mit dem Hammer. Ein Erwachsener kann dir auch dabei helfen.

6 Klebe die Enden des zweiten Lederbandes 1 cm überlappend zu einem Ring zusammen.

7 Knote die Wollschnur mittig am Lederring fest und wickle die Enden fest herum. Verknote sie zum Schluss mit mehreren Knoten.

8 Klebe die Schleife mit Kraftkleber am Armband fest.

Natürliche Schönheit

Eisanhänger

Das brauchst du

Schwierigkeit ●●●

- Silikonform Stern, ø 15 cm
- destilliertes Wasser
- naturfarbene Kordel, ø 0,2 cm, je 25 cm lang
- Beeren, Zimtstangen, getrocknete Apfel- und Orangenscheiben
- Klebefilm

1 Verknote die Enden der naturfarbenen Kordel miteinander. Lege diese Enden in deine Sternform und befestige die Kordel am seitlichen Rand mit Klebefilm.

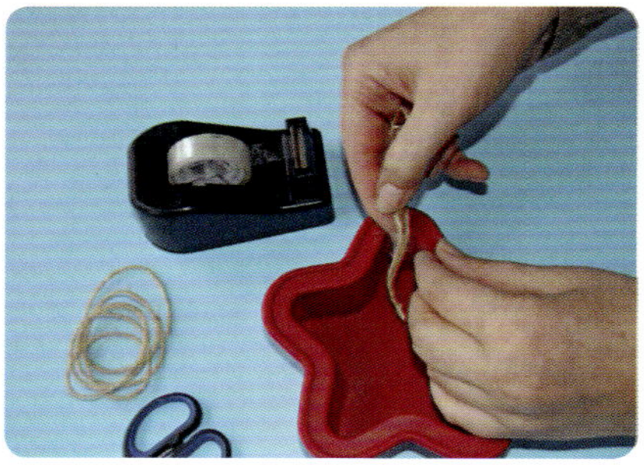

2 Fülle nun auf dem Boden der Form 1 cm hoch destilliertes Wasser ein. Deine Kordelenden liegen nun im Wasser. Lege auch die Naturmaterialien darauf. Stelle die Form für 4 Stunden in den Gefrierschrank. In einem kalten Winter kannst du sie auch über Nacht nach draußen stellen.

3 Nimm die Sternform heraus und gieße eine zweite Schicht Wasser darüber, die ebenfalls 1 cm dick ist. Für weitere vier Stunden ins Gefrierfach legen. Dann kannst du die Eissterne aus der Silikonform drücken und im Außenbereich bei kalten Temperaturen aufhängen.

Tipp

Wenn du möchtest, kannst du passend zu deinen Eisanhängern noch eine Eislaterne basteln. Dazu stellst du eine leere kleine Dose, in die du Sand oder Steine zum Beschweren füllst, in eine größere Dose. In die große Dose füllst du nun viele bunte Naturfundstücke und dann Wasser bis unter den Rand. Einen Tag und eine Nacht bei Minustemperaturen ins Freie stellen, dann die Dosen herauslösen. Fertig. Jetzt kannst du ein Teelicht in die Mitte deiner Laterne stellen.

Was hängt denn da?

vergoldete Nussanhänger

Das brauchst du

Schwierigkeit ●●●

- Erdnüsse
- Walnüsse
- Acrylfarbe in Gold
- Baumwollkordel in Rot, ø ca. 2 mm, (pro Nuss) 15 cm lang
- Nussknacker
- UHU Alleskleber Kraft

1 Knacke die Walnüsse mit einem Nussknacker auf und hole die Nüsse heraus. Achte darauf, dass die Schalen dabei nicht kaputt gehen. Dafür musst du den Nussknacker direkt an der Naht zwischen den Schalen ansetzen. Am besten bittest du dafür einen Erwachsenen um Hilfe.

2 Bemale alle Walnussschalen und Erdnüsse mit Goldfarbe und lass die Farbe gut trocknen.

3 Schneide für jede Nuss ein 15 cm langes Kordelstück zu. Für die Walnüsse klappst du das Band einmal in der Mitte zusammen und verknotest die Enden, sodass eine Schlaufe entsteht. Bei den Erdnüssen wickelst du das Band direkt um die Nuss und verknotest dann die Enden.

4 Lege den Knoten der Schlaufe in eine Walnussschale und klebe dann die beiden Schalen wieder zu einer Nuss zusammen. Klebstoff gut trocknen lassen und schon ist der Öko-Baumschmuck fertig!

Vorlagen

Vom Himmel hoch
Seite 13/14

Knusper, knusper, Knäuschen ...
Vorlagen auf 200% vergrößern
Seite 10/11

Kaffeeklatsch
Seite 98

Märchenhaft!
Vorlagen auf 130% vergrößern
Seite 30/31

Herbergssuche

Vorlagen auf 200% vergrößern

Seite 15–17

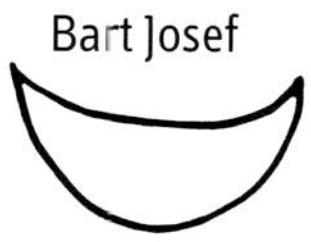

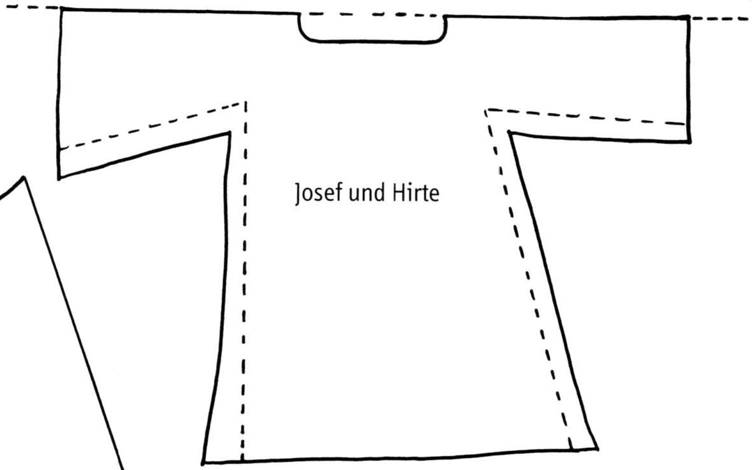

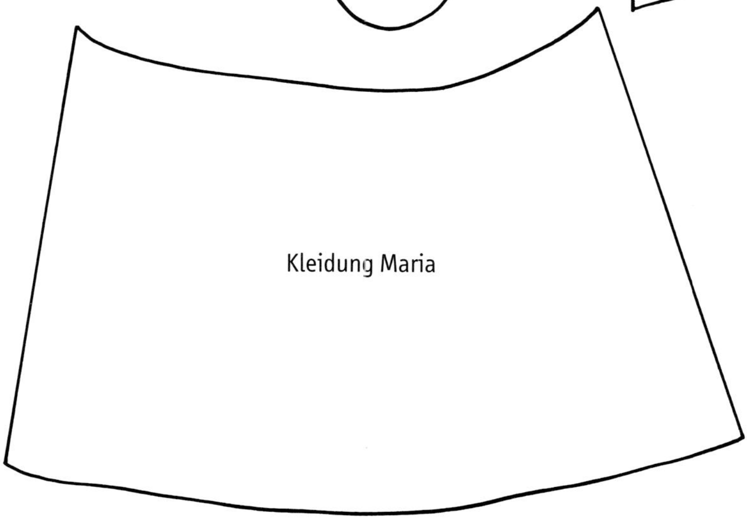

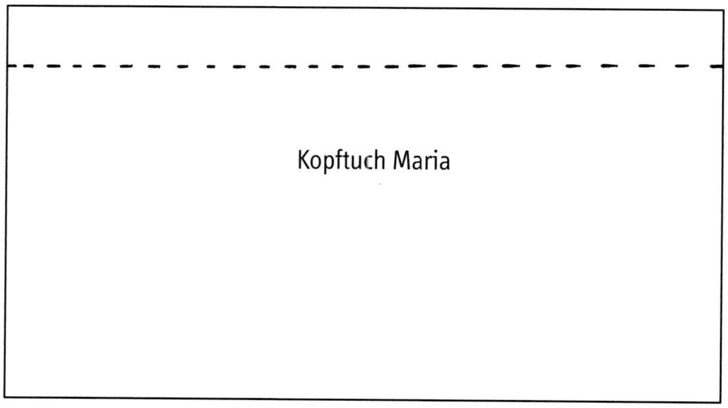

Ho! Ho! Ho!

Vorlagen auf 200% vergrößern

Seite 48/49

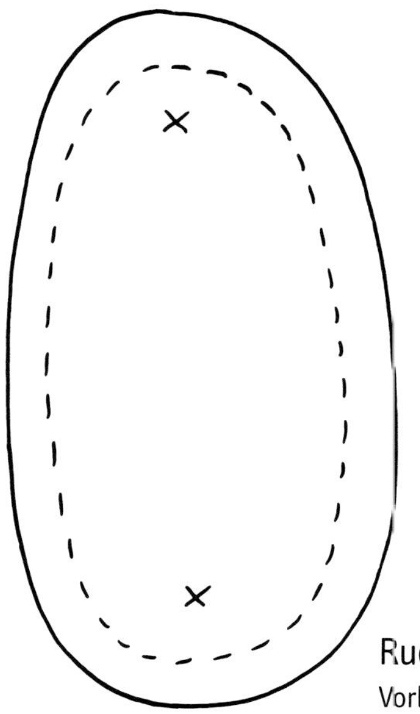

Rudi und Romy Ren

Vorlagen auf 150% vergrößern

Seite 34/35

Christbaumkugeln

Vorlagen auf 150% vergrößern

Seite 28/29

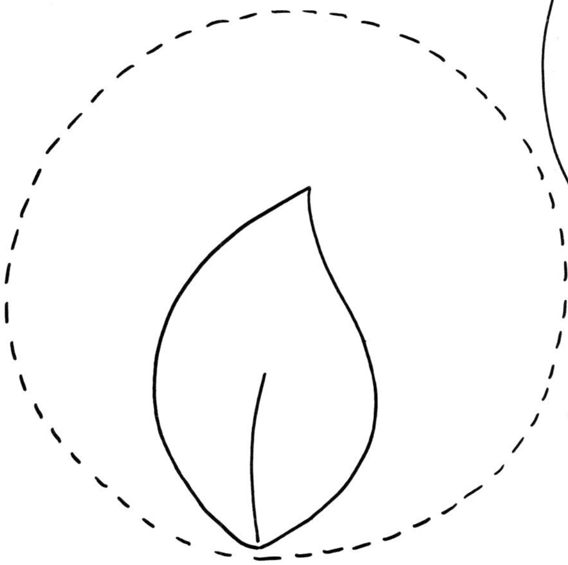

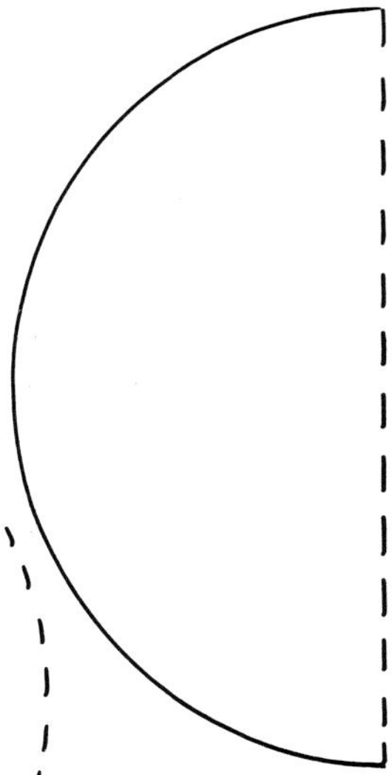

Zauberhafter Engelschor

Vorlagen auf 150% vergrößern

Seite 36

Zum Anbeißen!

Vorlagen auf 120% vergrößern

Seite 52/53

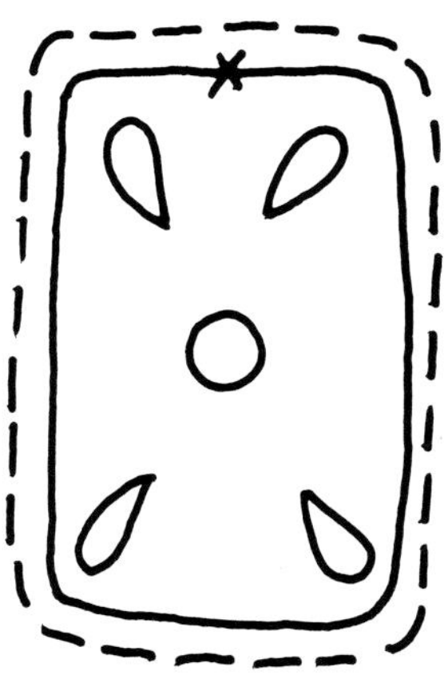

Advent, Advent …

Seite 64/65

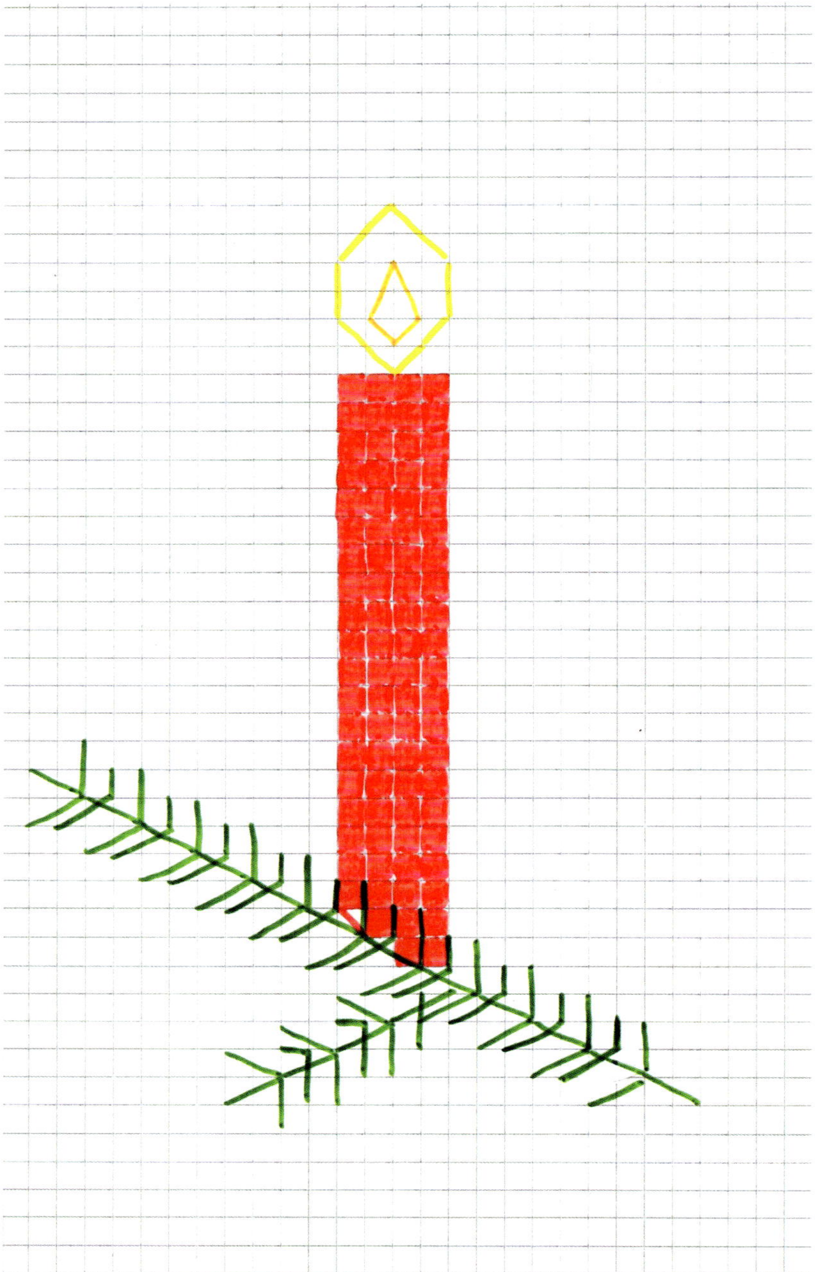

Putziger Pinguin

Seite 76/77

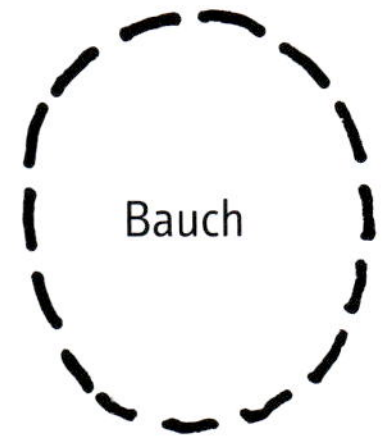

Im Winterwald

Vorlagen auf 150% vergrößern

Seite 18/19

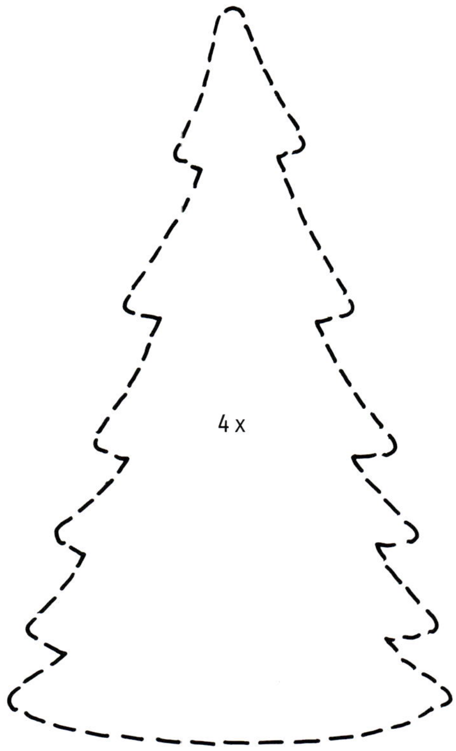

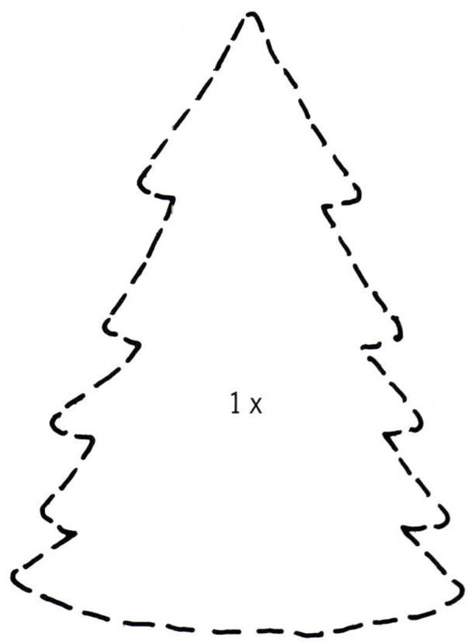

Aufgesprüht!

Seite 88/89

Morgen, Kinder, wird's was geben!

Vorlagen auf 200% vergrößern

Seite 78/79

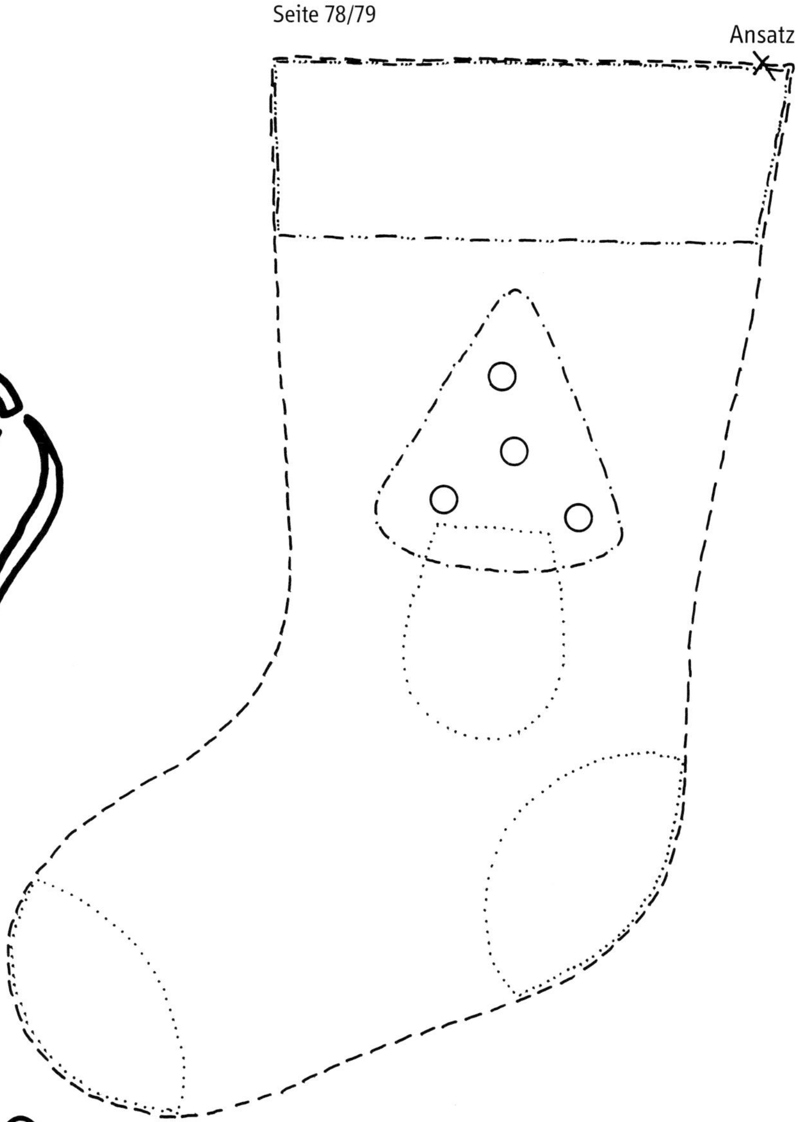

Der Fuchs geht um

Seite 110/111

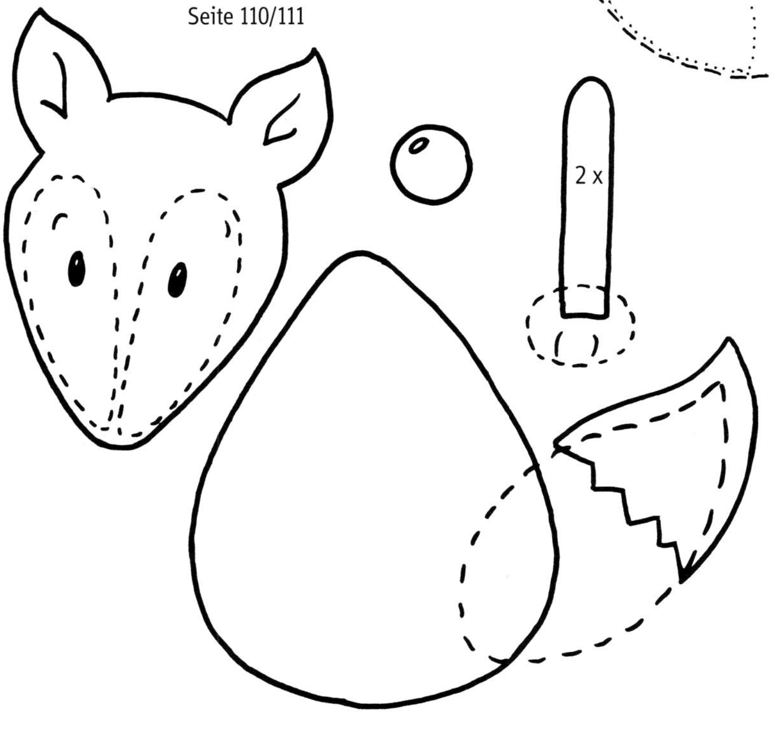

Schneeflöckchen

Seite 70/71

Schlaf gut!

Vorlagen auf 200% vergrößern
Seite 92/93

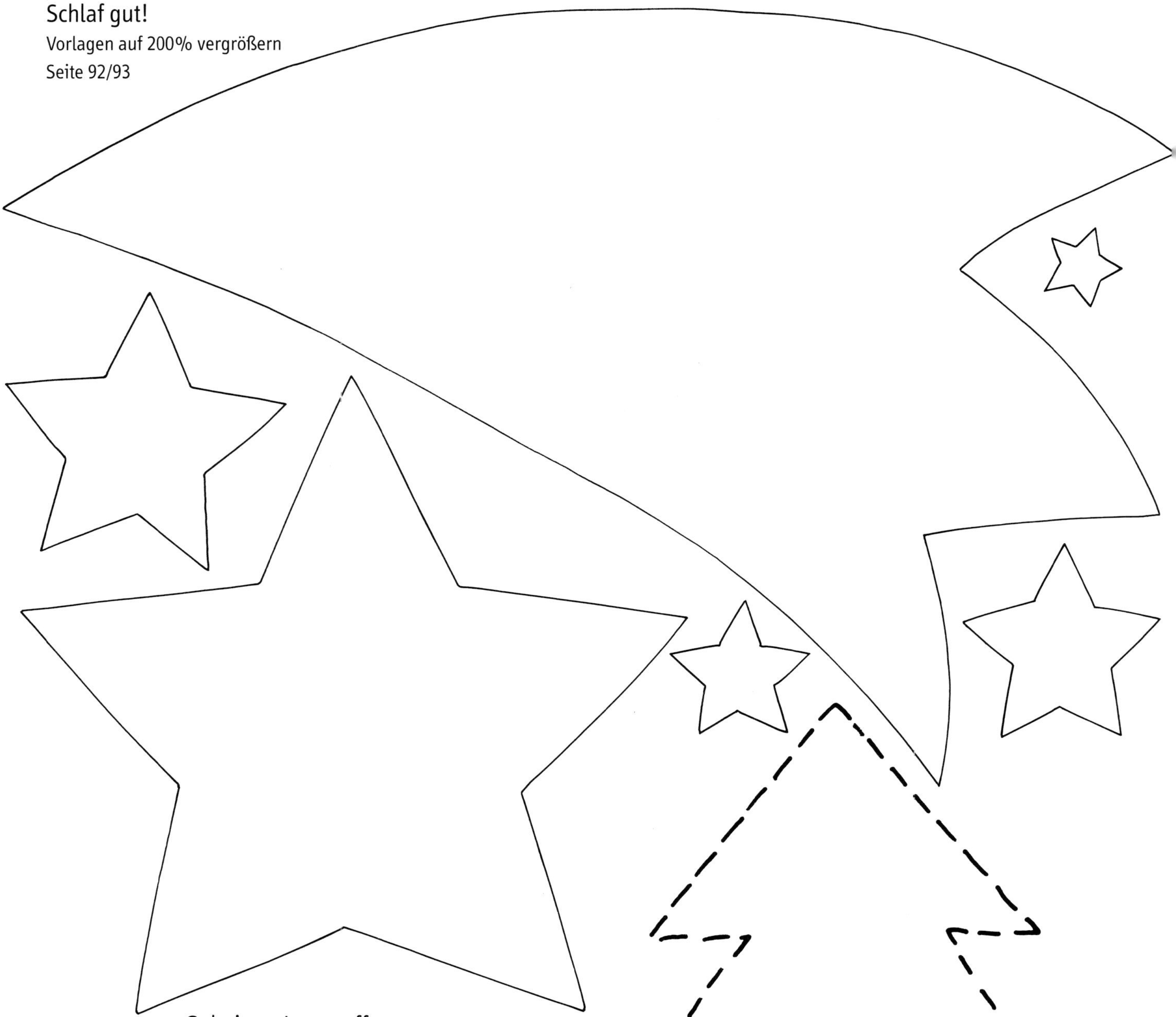

Geheimer Lesestoff

Vorlagen auf 150% vergrößern
Seite 68/69

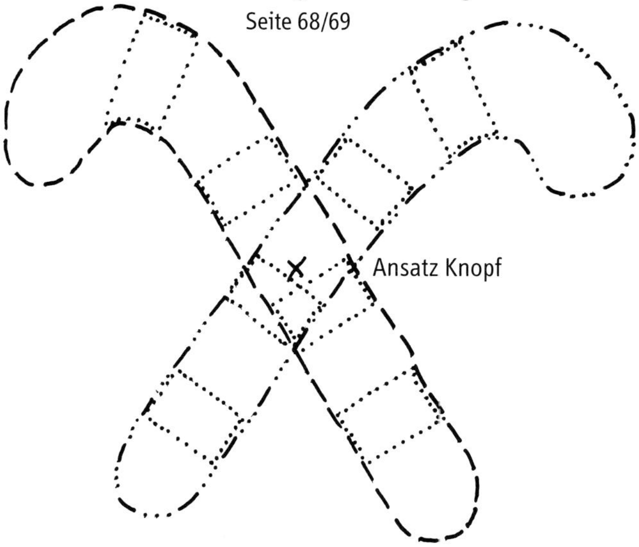

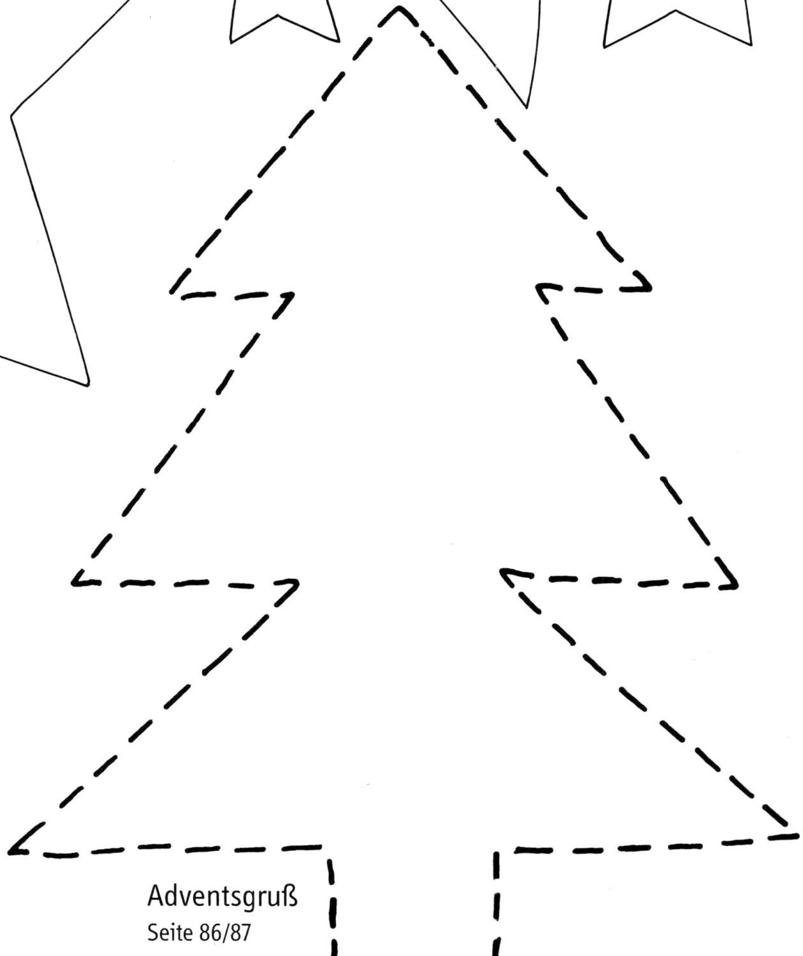

Adventsgruß

Seite 86/87

Zappelphilipp

Vorlagen auf 130% vergrößern
Seite 112/113

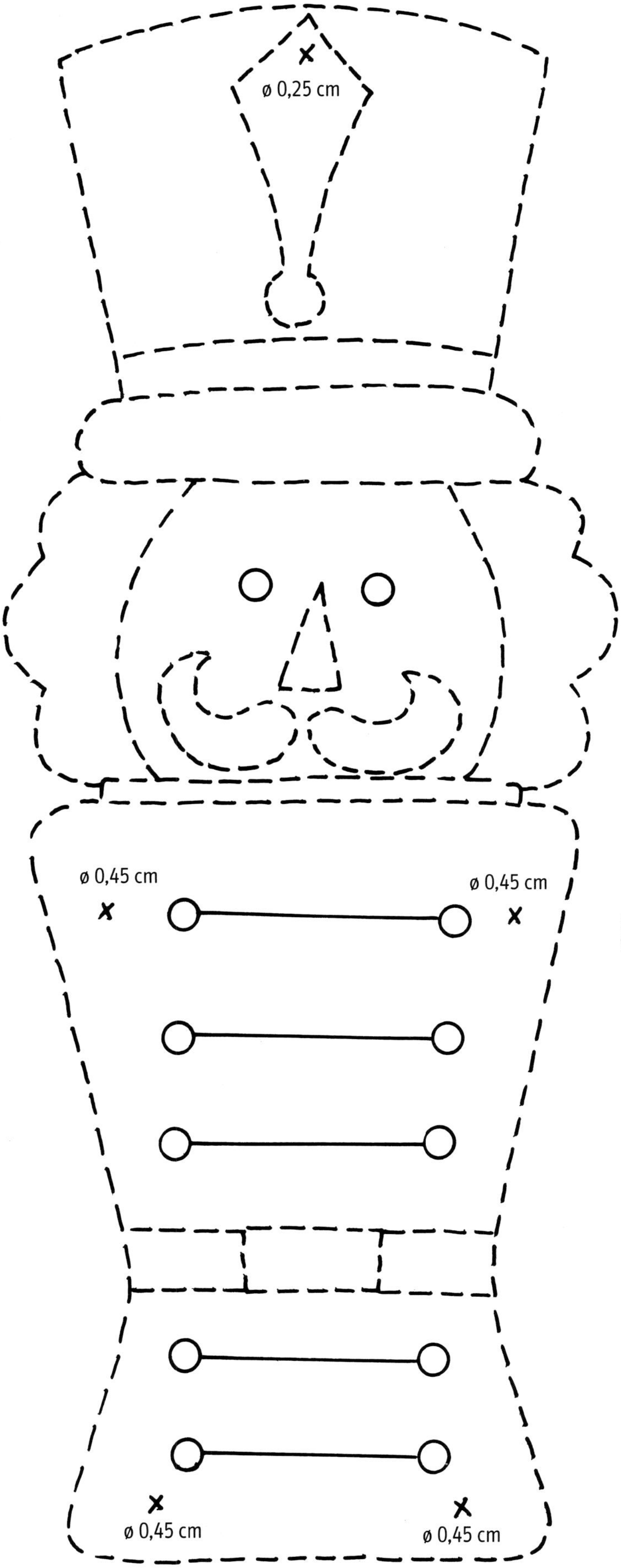

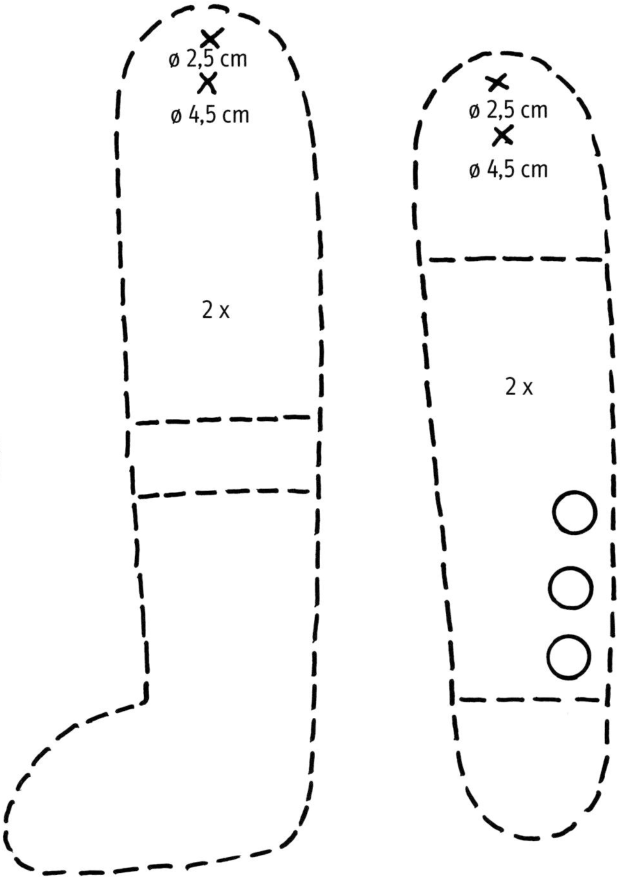

Himmelsbote

Seite 114

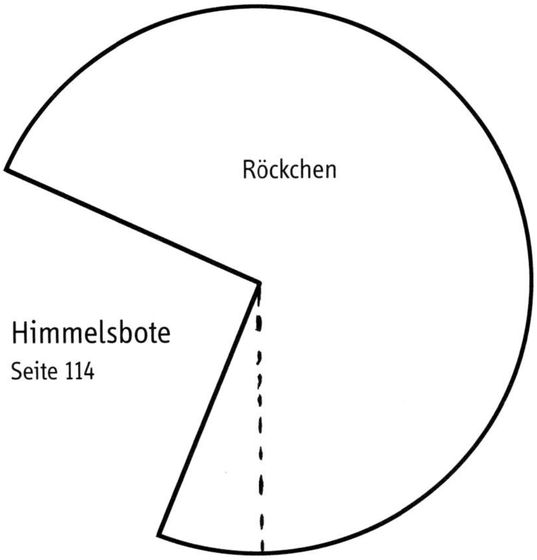

Buchtipps für dich

Es weihnachtet sehr –
Buchtipps für deinen Wunschzettel:

TOPP 5783
ISBN 978-3-7724-5783-8

TOPP 5855
ISBN 978-3-7724-5855-2

TOPP 5766
ISBN 978-3-7724-5766-1

TOPP 5824
ISBN 978-3-7724-5824-8

TOPP 5732
ISBN 978-3-7724-5732-6

TOPP 5767
ISBN 978-3-7724-5767-8

TOPP 4072
ISBN 978-3-7724-4072-4

TOPP 5799
ISBN 978-3-7724-5799-9

TOPP 5782
ISBN 978-3-7724-5782-1

TOPP 5753
ISBN 978-3-7724-5753-1

TOPP 5774
ISBN 978-3-7724-5774-6

TOPP 5674
ISBN 978-3-7724-5674-9

TOPP 5795
ISBN 978-3-7724-5795-1

TOPP 5797
ISBN 978-3-7724-5797-5

Die Autorinnen

Alice Hörnecke ist ständige Besucherin des Basteluniversums. Während ihres Studiums durfte sie drei Jahre im tollsten Bastelladen der Welt arbeiten und erhielt so die Chance, Materialien und Techniken vom Malen bis zum Stricken kennenzulernen. Über ihre Bastelleidenschaft kam sie zum frechverlag, für den sie heute als Autorin und freie Mitarbeiterin tätig ist.

Birgit Kaufmann lebt zusammen mit ihrem Mann und ihren Kindern in der Nähe von Regensburg. Von Klein auf wurde in ihrer Familie gebastelt, gesägt, genäht und gehämmert. Durch die Arbeit im Kindergarten kann sie ihre Ideen gleich mit der richtigen Altersgruppe ausprobieren.

Gudrun Schmitt wurde 1963 in Fulda geboren und hat vier, in der Zwischenzeit schon erwachsene Kinder. Nach dem Schulabschluss erlernte sie den eigentlich unkreativen Beruf der Bankkauffrau. Nach der Geburt des ersten Sohnes flammte aber die Leidenschaft zum Basteln wieder auf. In den folgenden Jahren leitete sie Kinderkreativkurse und Seidenmalkurse in verschiedenen Familienbildungsstätten. 1998 erschien in Zusammenarbeit mit ihrer Schwester ihr erstes Kreativbuch im frechverlag.

DANKE!
Die Redaktion dankt den großartigen Models Ronja, Emma, Tamina, Sophie, Leonie, Zoe, Julia, Louisa, Julius, Lars, Lia, Jakob, Johanna, Aleksandar, Mia, Caroline, Philipp und Silas.

Wir danken den Firmen Rayher, Laupheim, und Efco (Hobbygroß Erler), Rohrbach, für die großzügige Unterstützung mit Bastelmaterial.

Hilfestellungen zu allen Fragen, die Materialien und Bastelbücher betreffen: Frau Erika Noll berät Sie. Rufen Sie an: 05052/911858*

*normale Telefongebühren

IMPRESSUM

MODELLE UND ARBEITSSCHRITTFOTOS: Alice Hörnecke (S.15-17, 26/27, 32/33, 36-38, 62-65, 72/73, 88/89, 99, 104/105, 114, 118), Brigit Kaufmann (S.10/11, 14, 20/21, 28-31, 34/35, 48-51, 70/71, 75, 80/81, 92/93, 98, 110/111, 115) und Gudrun Schmitt (S.12/13, 18/19, 39-41, 46/47, 52-57, 66-69, 74, 76-79, 86/87, 90/91, 94-97, 106-109, 112/113, 116/117)

FOTOS: frechverlag GmbH, 70499 Stuttgart; Birgit Kaufmann (S.20/21), lichtpunkt Michael Ruder, Stuttgart (alle übrigen)

REIHENKONZEPTION UND PRODUKTMANAGEMENT: Anja Detzel

LEKTORAT: Worthographie, Julia Strohbach, Reutlingen und Anja Detzel

UMSCHLAG: Julia Fink

INHALTSLAYOUT: Büro für Gedrucktes, Beate Mössner, Stuttgart

SATZ: Arnold & Domnick, Leipzig

PRINTED IN CHINA

1. Auflage 2014

ISBN 978-3-7724-5963-4
Best.-Nr. 5963